Rico Pfirstinger

Schlittenhunde

Kosmos

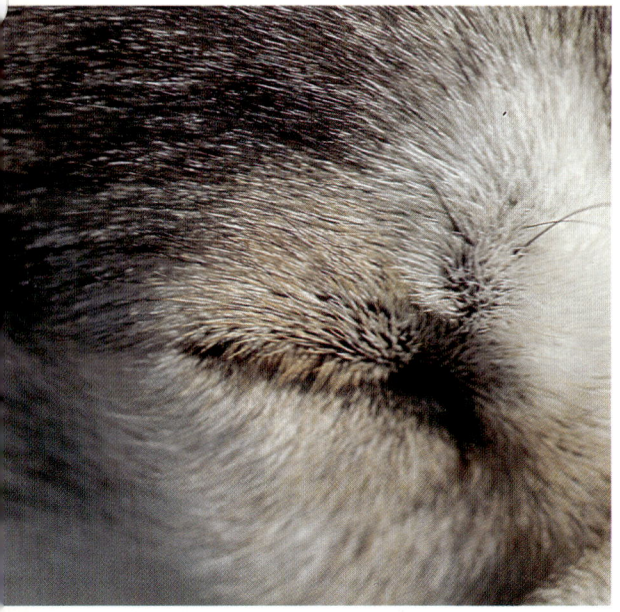

Riskieren Sie…

…einen Blick

Inhalt

Extra

ERSTE HILFE   63

HUNDEPASS   64

Ein echter Wonneproppen – Siberian-Husky-Welpe

Schlittenhunde erreichen ein Marschtempo von bis zu 30 km/h

Jagdgefährte, Lebensretter und Freund

Der Hund, der aus der Kälte kam

Alaskan Malamute

Schlittenhunde sind robuste Arbeitstiere mit einer langen Geschichte – oft waren sie die Helden von Mythen, Büchern und Filmen. Werfen wir einen Blick hinter die Kulissen...

Siberian Husky

Als die Tschuktschen in Südzentralsibirien vor ungefähr 4.000 Jahren damit begannen, Hunde zu Transportzwecken vor einen Schlitten zu spannen, hatten sie keine Ahnung, was sie damit anrichten würden: Heute brettern Renngespanne mit mehr als 20 Huskies durch den Schwarzwald, das Kinopublikum fiebert mit „Iron Will" und „Balto", und von „Wolfsblut" haben wir dank Jack London schon als Kinder gehört. Kein Wunder also, daß viele Menschen solch ein „heldenhaftes, treues und intelligentes Tier" besitzen wollen - auch auf die Gefahr hin, daß sie anschließend noch blauäugiger dastehen als der Hund.

Bei den Tschuktschen waren es klimatische Verände-

Rennhunde laufen paarweise

rungen, die dazu führten, daß Eskimos in ihr Gebiet eindrangen und sie nach Westen verdrängten. Dort erforderten die kargen Jagdgründe einen hochspezialisierten Hund: ausdauernd und genügsam, mit dem man über weite Strecken - teilweise auch über Packeis - Meerestiere jagen konnte.

DIE HUNDE DER ENTDECKER

Bereits im 10. Jahrhundert berichten arabische Chroniken über den Einsatz von Schlittenhunden im subarktischen Sibirien - Marco Polo erzählt in seinen Berichten, ebenso wie Francesco da Kollo, von Reisen mit Schlittenhundegespannen. Die Liste der Forscher und Entdecker, die sich bei ihren Vorstößen in die neue Welt auf Schlittenhunde verließen, ist lang: Robert E.

Alaskan Huskies bei der Deutschen Meisterschaft '97 in Wallgau

Der Blick zurück: Lappländer- und Eskimohund

Peary erreichte mit ihnen den Nord-, der Norweger Amundsen den Südpol.

DIE ERSTEN RENNEN

Mit dem in den 80er Jahren des vergangenen Jahrhunderts in Alaska einsetzenden Goldrausch wurde das Befördern von Frachten mit Hundeschlitten ein seriöser Lebenserwerb. In den Wintermonaten wurde damals auch ausgiebig darüber debattiert, wessen Hunde die schnellsten und härtesten waren. Aus kleineren Rennen ging so im Jahre 1908 das „All Alaska Sweepstakes" hervor, ein Lotterierennen, bei dem der Gesamteinsatz an den Gewinner ausbezahlt wurde. Beim ersten Mal gewann noch ein reguläres Post-Team mit Lastengeschirren und Lastenschlitten. Doch schon 1909 leitete Scotty Allan die Ära des Schlittenhundesports ein, indem er mit einem speziellen Rennschlitten von nur 31 Pfund Gewicht an den Start ging.

VOM „SERUM RUN" ZUM „IDITAROD"

Als 1925 in Alaska in Nome die Diphterie ausbrach, reichte der Serumvorrat für die 2.000 dort nach dem Abflauen des Goldrausches verbliebenen Einwohner nicht aus. Mit einer Hundestaffel wurde das lebensnotwendige Serum in nur fünf Tagen von Nenana nach Nome transportiert – eine Strecke, für die man normalerweise 25 Tage benötigte. An der Spitze des letzten Staffelgespanns lief Leonhard Seppalas Leithund „Balto", der in die Geschichte Alaskas einging. Zur Erinnerung an diese großartige Leistung wird in

Huskies brauchen viel Bewegung und Spiel

Heini Winter mit einem seiner Leithunde

Alaska seit 1973 jedes Jahr das weltbekannte „Idita-rod"-Rennen gestartet. Es führt über mehr als 1.000 Meilen von Anchorage nach Nome. 1973 benötigte das Siegerteam noch über 20 Tage für die Strecke – heute sind es weniger als zehn.

Beim Rasten rollen sich Schlittenhunde im Schnee zusammen

BESITZERINTERVIEW

Herr Labove, wie viele Schlittenhunde haben Sie eigentlich?
Zur Zeit sind es 42 Stück, und zwar Alaskan und Sibe-

Michael Labove

rian Huskies gleichermaßen. Die halten wir natürlich nicht alle im Haus, sondern in einem Zwinger.

Ein Leben mit und für Ihre Hunde?
Genau! Die Huskies stehen im Mittelpunkt unseres Lebens, nicht nur im Winter, wenn wir mit ihnen Rennen fahren, sondern das ganze Jahr über. Zumal ich ja ein Sonderfall bin, weil ich sowohl mit reinrassigen Siberian Huskies als auch mit den etwas schnelleren, aber nicht reinrassigen Alaskan Huskies unterwegs bin.

Wie sind Sie denn auf den Hund gekommen?
Schon mit 9 Jahren – ich hatte damals einen Siberian Husky in einem Buch gesehen – wußte ich: diesen Hund oder keinen. Bald hatte ich dann einen zu Hause. Mit 11 Jahren fuhr ich das erste Rennen, und so wurden es immer mehr Hunde.

setzt: *Siberian Husky, Alaskan Malamute, Samojede* und *Grönlandhund.* Dies war eine Folge der Entwicklung des Sports aus den Rassehundezuchtvereinen heraus – in Deutschland z. B. der „Deutsche Club für Nordische Hunde"(DCNH). In Nordamerika und Alaska beherrschte dagegen der *Alaskan Husky* die Szene, ein speziell für den Renneinsatz gezüchteter Schlittenhund ohne anerkannte Zuchtpapiere und Rassestandard. Als die ersten Alaskan Huskies nach Europa kamen, durften sie deshalb nicht an den offiziellen Meisterschaften teilnehmen. Als die Rennen 1986 schließlich auch für nichtreinrassige Schlittenhunde geöffnet wurden, erweckte das den Widerstand vieler „reinrassiger" Schlittenhundesportler, die sich daraufhin zu eigenen Sportverbän-

SCHLITTENHUNDE IN MITTELEUROPA

In den 60er Jahren gelangte der Schlittenhundesport über die Schweiz nach Europa, inzwischen werden überall in Mitteleuropa, Skandinavien und Osteuropa Wagen- und Schneerennen organisiert. Bis zum Beginn der 80er Jahre wurden in Mitteleuropa nur reinrassige Schlittenhunde einge-

Verwechslung nicht ausgeschlossen: Alaskan Husky

den zusammenschlossen, bei denen nur Gespanne mit Hunden der vier anerkannten Zuchtrassen an den Start gehen dürfen. Diese Spaltung ist auch heute noch aktuell: So gibt es in den meisten europäischen Ländern mindestens zwei nationale Schlittenhundesportverbände: einen „offenen" für alle Arten von Tieren, wobei in der Praxis überwiegend Alaskan Huskies eingesetzt werden, und einen „reinrassigen" für die vier anerkannten Zuchtrassen Siberian Husky, Alaskan Malamute, Samojede und Grönlandhund. In Deutschland etwa sind der „Deutsche Schlittenhunde Sport Verband" (DSSV) und die „Arbeitsgemeinschaft Schlittenhunde Deutschland" (AGSD) die bekanntesten Vertreter des offenen bzw. reinrassigen Lagers – mit jeweils eigenen Deutschen Meisterschaften. Aber auch Europa- und sogar Weltmeistertitel werden – beinahe vergleichbar der Vielzahl von Weltboxverbänden – mehrfach vergeben.

Das waren und sind Schlittenhunde: Überlebensretter, Transportmittel, Rennsporthunde. Und Sie? Möchten Sie mit Ihrem Schlittenhund Rennen fahren oder ihn als Familienhund halten? Können Sie einem solchen Energiebündel überhaupt ein artgerechtes Zuhause bieten? Welche Rasse ist die richtige? Soll man sich lieber für einen Welpen oder einen erwachsenen Hund entscheiden? Wie erzieht man einen Schlittenhund? Diese und weitere wichtige Fragen beantworten wir in den folgenden Kapiteln.

Reinrassiger Siberian Husky mit blauen Augen

Alaskan-Malamute-Welpen beim Spielen

Welpen brauchen viel Zeit zum Spielen

Huskies sind kinderlieb

Alaskan Huskies im Partnerlook

Startendes Gespann in Kirchbach (Kärnten)

Vor dem Kauf

Drum prüfe, wer sich ewig bindet

Sie sind also davon überzeugt, daß ein Schlittenhund für Sie das richtige ist. Gut! Aber sind Sie auch der richtige Begleiter für einen Schlittenhund – ein ganzes Hundeleben lang? Vor der Anschaffung gibt es vieles zu bedenken...

Schlittenhunde sind robuste, ja oft extreme Arbeitstiere. Dies gilt grundsätzlich für alle Rassen. Einen Husky für die Stadtwohnung, der mit wenigen Metern Auslauf am Tag zufrieden ist, gibt es nicht – und wird es hoffentlich auch nie geben. Alle Hunde sind Lauftiere, doch Schlittenhunde sind die Lauftiere unter den Hunden. Wenn Sie sich einen Schlittenhund als Familienhund anschaffen, werden Sie also viel unterwegs sein – sonst versucht er

überschüssige Energien auf andere Weise loszuwerden. Bestenfalls frißt ein unbewegter Schlittenhund nur Ihre Wohnungseinrichtung und verwandelt den Garten in eine Kraterlandschaft, im ungünstigeren Fall wird er aggressiv und greift andere Tiere und Menschen an – vorzugsweise die in seiner Nähe. Artgerecht beschäftigte Schlittenhunde sind friedfertige, liebenswerte Tiere. Gerade dem Menschen gegenüber sind sie von einem großen Grund

Schauen Sie sich die Züchter, für deren Welpen Sie sich interessieren, gut an! Wie sind die Welpen untergebracht, ist die Unterkuft sauber? Haben die Hunde genug Auslauf, steht ihnen Spielzeug zur Verfügung? Haben die Welpen Kontakt zu verschiedenen Menschen, vor allem Kindern? Wachsen sie zusammen mit anderen Heimtieren auf? Die richtige Prägung der Welpen wird ihr ganzes Leben bestimmen! Sind die zum Verkauf stehenden Tiere gesund, geimpft, entwurmt und mindestens acht Wochen alt? Vertrauen Sie Ihrem Instinkt: Wie verhalten sich Welpen und Züchter Ihnen gegenüber? Sind Ihnen die Leute sympathisch? Sind die Tiere unbefangen, neugierig und anhänglich oder eher zurückhaltend, scheu und ängstlich? Wie steht's mit der Gewöhnung ans Autofahren? Vergleichen Sie mehrere Züchter aufmerksam und kritisch!

Samojeden vor dem Start in Haidmühle

vertrauen geprägt, als Wach- oder Schutzhunde eignen sie sich nur in den seltensten Fällen. Huskies sind kinderliebe, fröhliche Hunde und freuen sich nachts über jeden Einbrecher, den sie dabei höchstens zu Tode lecken. Kommen Sie also nicht auf den Gedanken, einen Schlittenhund wegen seines ursprünglichen Aussehens als scharfen Wächter zu betrachten. Wenn Sie einen gelehrigen Schutzhund suchen, mit dessen Kunststücken Sie auf dem Abrichteplatz brillieren können, kaufen Sie sich alles, bloß keinen Schlittenhund!

AUSLAUF, AUSLAUF, AUSLAUF

Trotz ihres freundlichen Wesens stellen Schlittenhunde hohe Ansprüche an ihren Besitzer. Alle Rassen müssen sich mehrere Stunden täglich bewegen, und zwar nicht nur im gemächlichen Schrittempo, sondern möglichst beim Joggen, neben dem Fahrrad oder bei Ausflügen und Touren. Sie müssen toben, spielen und brauchen als Rudeltiere unbedingt viel Kontakt zu Artgenossen. Noch können Sie sich für einen ruhigeren Hundeschlag entscheiden. Ihr neuer Freund will nämlich die nächsten 10 bis 15 Jahre mit Ihnen verbringen.

WICHTIGE ÜBERLEGUNGEN

Schlittenhunde brauchen viel Platz, einen Garten, engen Menschenkontakt (keine Zwingerhaltung für Einzelhunde!) und viel Bewegung. Die tut auch Ihnen gut, aber Sie müssen auch die Zeit dafür aufbringen. Wie steht's mit Ihrer Arbeit? Erlaubt sie Ihnen die Haltung eines solchen Tieres auch für die nächsten 15 Jahre? Wer kümmert sich

Huskies jagen gerne

Huskies sind für jeden Aktivurlaub zu haben

tagsüber um Ihren Hund? Haben Sie Ihren Vermieter gefragt, was er von einem Schlittenhund in der Wohnung hält?

Halten Sie schon andere Heimtiere, die alles andere als begeistert sind, wenn Ihr neuer Hausgenosse sich auf Schlittenhundart mit ihnen beschäftigt? Insbesondere Kleintiere wie Nager, Kaninchen und Vögel müssen Sie vor der Jagdleidenschaft Ihres Schlittenhundes schützen. Alle Rassen haben einen ausgeprägten Jagdinstinkt, die schnellen Fluchtbewegungen kleiner Heimtiere lösen ihren Verfolgungstrieb aus. Was wird Ihr Nachbar sagen, wenn Ihr Husky seiner Katze nachstellt oder sich ausge-

Stöckchen nagen gehört auch zum Erwachsenwerden

dehnten Heulorgien hingibt? Es gibt Schlittenhunde, die sich mit Katzen vertragen. Aber es ist auch sehr gut möglich, daß Ihre Katze fortan keine ruhige Minute mehr hat. Je jünger beide Tiere sind, um so eher lassen sie sich aneinander gewöhnen.

Gut sozialisierte Schlittenhunde verhalten sich in der Regel freundlich gegenüber Kindern. Natürlich müssen Ihre Kinder lernen, daß der Hund auch seine Ruhezeiten braucht und nicht jederzeit als lebendiger „Plüschhund" zum Spielen und Schmusen zur Verfügung steht. Kleine Kinder und Säuglinge sollten Sie auf keinen Fall unbeaufsichtigt mit Ihrem Hund allein lassen. Denken Sie auch an die Kosten. Die Grundausstattung (Schlafdecke, Näpfe, Leine, Halsband, Bürste etc.) erhalten Sie für ca. DM 300,–. Die Futterkosten liegen bei

Die esten 8 bis 12 Wochen verbringt der Welpe bei der Mutter

Samojeden sind temperamentvoll und toben gerne

mindestens DM 20,- pro Woche. Dazu kommen die Hundesteuer, die obligatorische Versicherung und schließlich die Tierarztkosten für die vorgeschriebenen Impfungen sowie natürlich der Welpenpreis.

WER IST DER RICHTIGE?

Neben dem Alaskan Husky, der im strengen Sinn ja keine echte Rasse ist, gibt es vier anerkannte Schlittenhunderassen (siehe Umschlagklappe). Als Rudeltiere brauchen sie alle enge Sozialkontakte. Überprüfen Sie ehrlich und selbstkritisch Ihre eigenen Neigungen und vor allem auch Ihre Durchsetzungsfähigkeit.

▶ Alaskan Malamute

Er ist der größte und schwerste Schlittenhund. Vom Temperament her ist er ruhiger als der Husky. Wie alle vier Rassen hat der intelligente Hund ein ausgesprochen menschenfreundliches Wesen. Da er sehr eigenwillig ist, muß er vom Welpenalter an konsequent erzogen werden, sonst besteht die Gefahr, daß er die Rudelführung anstrebt. Aufgrund seiner Größe und Stärke ist ein Alaskan Malamute als Familienhund nur in sehr erfahrene Hände zu empfehlen.

▶ Grönlandhund

„Grönie" nennen seine Fans den ursprünglichsten Vertreter der vier Rassen liebevoll. Und das ist er auch: ein Liebhaberhund. Aus gutem Grund, denn Grönies sind noch ungeschliffener als Malamutes. Sie stehen ihnen in puncto Kraft und Größe hingegen kaum nach. Die Erziehung ist sehr schwierig, und die temperamentvollen Hunde stellen immer wieder erneut die Rangordnung in Frage. Als Familienhund eignet sich dieser Rüpel deshalb nicht, und selbst bei Schlittenhunderennen ist er ein eher seltener Anblick.

▶ Samojode

Der weiße Hund mit dem „lächelnden" Gesicht wird

Siberian-Husky-Welpen eines Schlittenhundesportlers

neben dem Siberian Husky am häufigsten als Familienhund gehalten. Er ist dem Menschen ein fröhlicher und intelligenter Gefährte und steckt voller Tatendrang. Der eigenwillige und selbstbewußte Samojede braucht ebenfalls eine konsequente Erziehung. Unterwürfigen Gehorsam wird er aber trotzdem nie zeigen. Wie alle Schlittenhunde braucht auch der „lächelnde" Charmeur viel Bewegung und liebt den Aufenthalt im Freien. Klar, daß sein weißer

SICHER IST SICHER

Natürlich denken Sie nicht im Traum daran, daß Ihr niedlicher kleiner Welpe Ihnen oder jemand anderem jemals Schaden zufügen könnte. Doch seien Sie gewarnt! Gerade junge Hunde machen viel Unsinn und erkunden ihre Grenzen, indem sie diese übertreten. Für Huskies gilt dies ganz besonders. Egal wie alt Ihr Hund ist: Sie müssen immer damit rechnen, daß er einen Unfall verursacht oder andere Tiere angreift (sei es aus Jagdeifer, Übermut oder wegen Revierstreitigkeiten) und dabei nicht nur sich oder Familienmitglieder, sondern auch Dritte verletzt bzw. auf andere Weise schädigt. Ein kleiner Fehltritt Ihres Vierbeiners kann schlimmstenfalls Ihren finanziellen Ruin bedeuten. Denn als Besitzer sind Sie für alles, was Ihr Hund anrichtet, voll verantwortlich. Deshalb gilt: Schließen Sie gleich nach dem Kauf des Tieres eine Haftpflichtversicherung mit möglichst hoher Deckung ab – alle Versicherungsunternehmen halten hierzu Standardangebote bereit.

Pelz dabei nicht immer ganz „landfein" bleibt. Samojeden sieht man auch bei den Rennen reinrassiger Schlittenhunde.

▶ **Siberian Husky**
Blaue Augen, Husky-Maske – er gilt für viele als Inbegriff der Eleganz. Sollte man sich deswegen gleich einen anschaffen? Bloß nicht! Zu viele Huskies geraten als „Modehund" in die falschen Hände und landen schließlich schwer vermittelbar im Tierheim. Als schnellster unter den reinrassigen Schlittenhunden braucht auch er natürlich viel Auslauf und Beschäftigung. Der Siberian Husky ist nicht nur der beliebteste reinrassige Rennhund, sondern auch

Grönlandhunde in ihrer natürlichen Umgebung

Aufgepaßt: Welpen knabbern gerne alles an

Jetzt brauchen Sie keinen Gärtner mehr!

Geben Sie Ihrem Junghund immer etwas zum Spielen

als Familienhund mit Abstand am häufigsten anzutreffen. Er ist ein zärtlicher Menschenfreund, intelligent und ausgesprochen lebhaft. Schlittenrennen, Radfahren, Joggen, Agility – Action ist angesagt. Wegen seines starken Jagdinstinktes ist es nicht ganz einfach, sein Laufbedürfnis zu befriedigen. Wie alle vier Rassen hat er seinen eigenen Kopf und muß konsequent erzogen werden. Er lernt zwar schnell, das heißt aber nicht, daß er das Gelernte auch gehorsam ausführt.

▶ Alaskan Husky

Beim Alaskan Husky handelt es sich um keine Rasse im eigentlich Sinn. Alaskan Huskies gibt es in allen Farben und Schattierungen, mit Steh- und Schlappohren, blauen und braunen Augen, kurzem und längerem Fell. Kurz gesagt: Das Aussehen hat und hatte für ihre Züchter nicht die oberste Priorität, sondern vielmehr ihre Tauglichkeit als Schlittenhunde. Nimmt man alle Rennen der Welt zusammen, so sind Alaskan Huskies die beliebtesten ih-

Kinderrennen – immer ein Zuschauermagnet

rer Zunft. Als Familienhunde sieht man sie dagegen so gut wie nie. Da sie - wie alle Schlittenhunde - nicht ein Leben lang fest an ein bestimmtes Herrchen gebunden sind, ist es allerdings möglich, einen ehemaligen Rennhund im „Rentenalter" als Haushund zu übernehmen - freilich nur ein Exemplar, das nicht nur den Zwinger, sondern auch das häusliche Familienleben rechtzeitig kennengelernt hat und sich entsprechend zu benehmen weiß.

RÜDE ODER HÜNDIN?

Objektiv betrachtet ist es ein kleiner Unterschied, ob Sie einen Rüden oder eine Hündin nehmen. Anhängliche Freunde sind beide. Rüden sind kräftiger und

Kurze Pause im Geschirr...

...und nach dem Rennen

größer, Hündinnen werden ein- bis zweimal im Jahr für drei Wochen läufig und müssen dann gut beaufsichtigt werden. Ein Rüde ist dafür das ganze Jahr liebeskrank, wenn in der Nähe eine läufige Hündin wohnt.

TIP: Besuchen Sie Schlittenhunderennen! Dort treffen Sie 100 oder mehr aktive Schlittenhundesportler, die meist selbst mit einem Husky als Familienhund angefangen haben und mittlerweile über Zuchterfahrung verfügen. Außerdem begegnen Sie auch vielen Zuschauern und Fans, die einen Samojeden, Malamute oder Siberian Husky als Familienhund halten. Sprechen Sie mit ihnen über ihre Erfahrungen – entsprechen diese Ihren Erwartungen, lassen Sie sich die Adresse des Züchters geben. Termine von Rennen erfahren Sie bei den einzelnen Sportverbänden (siehe Anhang).

HUNDEKAUF

Einen Hund kauft man nicht über Anzeigen, sondern bei einem soliden Züchter – Adressen gibt Ihnen Ihr nationaler Dachverband (VDH, ÖKV oder SKG, siehe Anhang). Ein guter Züchter preist seine

Welpen nicht an wie Sauerbier, sondern gibt sie, im Gegenteil, nur an gute, ausgewählte Plätze ab. Auch wird er Ihnen keine Hunde überlassen, die als Weihnachts- oder Geburtstagsüberraschung vorgesehen sind, sondern Sie bitten, sich die Sache bis nach dem Fest noch einmal in Ruhe zu überlegen. Beachten Sie bei der Auswahl eines Züchters auch die Hinweise im Kasten auf Seite 12, und lassen Sie sich beraten, nicht beschwatzen. Wichtig ist ein einwandfreier Kaufvertrag mit Rückgabeklausel – Musterverträge erhalten Sie beim VDH.
Ein gutes persönliches Verhältnis zum Züchter kann nur von Vorteil sein. So könnte er Ihren Hund etwa im Notfall während einer Urlaubsreise bei sich aufnehmen – die Unterbringung in einem Tierheim kommt insbesondere für einen Schlittenhund nämlich nicht in Frage.
Jeder Züchter verfolgt bestimmte Zuchtziele und -linien, von denen er sich bestimmte Charakterzüge und äußere Merkmale erwartet. Über diese Merkmale sollten Sie mit ihm umfassend diskutieren und dabei herausarbeiten, ob sich seine Tiere erfahrungsgemäß für die Haltung als Familienhund eignen: Vertragen

Huskies im „Familienrudel"

sie sich mit anderen Heimtieren? Wie verhalten sie sich gegenüber Kindern? Neigen sie zur Wilderei? Und wie gehorsam sind sie? Zwar wird Ihnen niemand das spätere Verhalten eines Welpen garantieren können. Ein erfahrener Züchter kann jedoch zumindest Wahrscheinlichkeiten für das eine oder andere Verhalten annehmen und Ihnen Tips für die Erziehung mit auf den Weg geben.
Gerade bei Schlittenhunden muß es übrigens nicht immer ein Welpe sein – denn im Gegensatz zu anderen Rassen gewöhnen sie sich schnell an einen neuen Besitzer. Ein sinnvoller Weg ist deshalb auch der Gang ins Tierheim – wobei Sie sich selbstverständlich genau über die spezifischen Eigenschaften des Hundes beraten lassen sollten. Immerhin hat ein erwachsener Hund den Vorteil, daß Sie

Alaskan Husky im Zwinger eines Schlittenhundesportlers

schon vorher erfahren können, ob er beispielsweise
mit Katzen auskommt oder
ohne Leine bei Fuß geht.

VORBEREITUNG UND ABHOLUNG

Bevor Sie Ihren Welpen abholen, sollten Sie zu Hause
einen warmen, sauberen
und zugfreien Ruheplatz
vorbereiten und alle Kabel
und wertvolleren Gegen-
stände, die der Kleine an-
knabbern könnte, in Sicherheit bringen. Beachten Sie:
Welpen dürfen keine Trep-
pen steigen.
Bei jedem guten Züchter ist
es selbstverständlich, daß
Sie beim Kauf eines Welpen

Nachtetappe beim „Alpirod"

einen Impfpaß erhalten und der Tierarzt bereits alle notwendigen Impfungen vorgenommen hat. Sie bekommen auch eine Ahnentafel mit dem Stammbaum Ihres Tieres. Ein guter Züchter wird Ihnen zudem auch ein Welpenset mit dem gewohnten Futter mit auf den Weg geben und Ihnen, vor allem in den ersten Wochen, in Fragen der Erziehung und Pflege gerne mit Rat und Tat beistehen. Ihren Welpen sollten Sie zu zweit mit dem Auto abholen. Dann kann sich während der Fahrt immer jemand um ihn kümmern. Bringen Sie eine leichte Leine und ein weiches Halsband mit. Machen Sie häufige Pinkelpausen. Es kann auch sein, daß dem Kleinen bei der Fahrt übel wird oder er kleinere „Geschäfte" im Auto erledigt. Nehmen Sie ihn außerhalb des Wagens immer an die Leine, damit er nicht in Panik davonrennt oder vor ein Auto läuft.

EINGEWÖHNUNG

Nach einer kurzen Begrüßung durch die Familie lassen Sie den Welpen zur Ruhe kommen. Er muß sich vom Streß der vergangenen Stunden erholen. Beaufsichtigen Sie ihn, wenn er seine neue Umgebung erstmals erkundet. Zeigen Sie ihm seinen Ruheplatz, und stellen Sie ihm immer eine Schüssel mit frischem Wasser daneben. Geben Sie dem Kleinen die erste Mahlzeit zu seiner üblichen Fressenszeit. Natürlich das gewohnte Futter – für die Umstellung auf eine andere Marke ist später noch Zeit. Nehmen Sie sich am besten ein paar Tage frei, um den Hund in den ersten Tagen rundum betreuen zu können. Ihre Zuwendung hilft ihm über den Trennungsschmerz hinweg. Außerdem haben Sie erst einmal einige unruhige Nächte vor sich.

Am besten lassen Sie den Welpen in der Anfangszeit nachts in einem Körbchen neben Ihrem Bett schlafen. So wachen Sie am ehesten durch „verdächtige" Geräusche auf und können ihn rechtzeitig nach draußen bringen (Stubenreinheit siehe S. 33). Ihre Nähe wirkt zudem beruhigend, so daß er die Angst vor dem Verlassensein leichter überwindet. Nacht für Nacht können Sie den Korb weiter entfernen, bis er den endgültigen Ruheplatz erreicht. Nach einigen Tagen wird sich Ihr Welpe auch an seinen neuen Rhythmus gewöhnen.

Siberian Husky – einmal ohne die typische Gesichtsmaske

„Blue Eyes" – leider werden zu viele Siberian Huskies nur wegen ihrer schönen Augen gekauft

Der Sonne entgegen: Alaskan Huskies…

…bei der Deutschen Meisterschaft 1997…

Ernährung und Pflege

Rundum gepflegt

Ein Schütteln - und schon sitzt das herrliche Fell? Schlittenhunde sind robuste Naturburschen. Trotzdem: Körperpflege und Krankheitsvorsorge müssen sein. Und natürlich brauchen diese aktiven Temperamentsbündel eine hochwertige Ernährung.

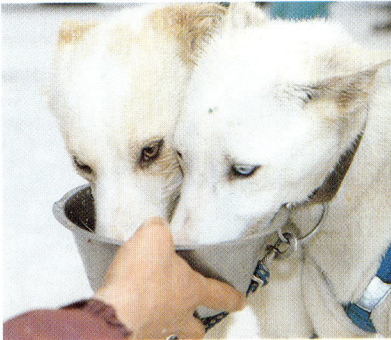

Wasser ist Nahrung Nr. 1

Belohnung nach dem Rennen

Alpirod-Streckenmarkierung

...in Wallgau (Oberbayern)

Wenn es um die Ernährung von Schlittenhunden geht, denken viele an Hochleistungsnahrung, wie sie im Rennsport eingesetzt wird. Als Familienhund benötigen jedoch Schlittenhunde dieses Spezialfutter in der Regel nicht. Das wichtigste Nahrungsmittel ist zunächst einmal das *Wasser*. Eine Schüssel frisches Wasser muß Ihrem Vierbeiner den ganzen Tag über zur Verfügung stehen und vor allem dann, wenn Trockennahrung gefüttert wird.

Alaskan-Husky-Welpe

WELCHES FUTTER?

Grundsätzlich ist es möglich, gesunde Hundenahrung selbst zuzubereiten. Dazu genügt es freilich nicht, einige Brocken rohes Fleisch in eine Schüssel zu werfen – vielmehr gilt es, Dutzende von Zutaten im richtigen Verhältnis zueinander zu verarbeiten, und zwar in Abhängigkeit von Alter, Gewicht und Art des Hundes. Zu diesem Thema wurden ganze Bücher geschrieben, deshalb gleich ein guter Rat: Machen Sie sich und Ihren Hund nicht unglücklich, und vertrauen Sie lieber gleich hochwertiger, gesunder Marken-Tiernahrung, die Sie überall im Fachhandel finden. Dabei ist es nicht so wichtig, ob Sie Feucht- oder Trockenfutter verabreichen (oder auch beides abwechselnd). Was Sie allerdings nicht tun sollten, ist die Futtermarken durchzuwechseln, da dies zu Umstellungsproblemen, wie beispielsweise Durchfall, führen kann.

WICHTIGE HINWEISE ZUR ERNÄHRUNG VON SCHLITTENHUNDEN

▶ Füttern Sie Ihren Welpen mit spezieller Welpennahrung entsprechend seines Alters, da diese eine für Entwicklung und Wachstum des jungen Hundes abgestimmte Zusammensetzung aufweist. Futtermenge und Häufigkeit variieren nach Alter und Gewicht des Hundes, Empfehlungen finden Sie auf den Packungen der Hersteller. Allgemein wird empfohlen, Welpen im Alter von 2–3 Monaten viermal, im Alter von 4–6 Monaten dreimal täglich zu füttern. Vom 7. bis 11. Monat genügen dann zwei Mahlzeiten am Tag, und ist der Hund erst einmal ein Jahr alt, reicht täglich eine Fütterung – man kann die Nahrungsmenge aber auch problemlos auf zwei Mahlzeiten verteilen.

▶ Erwachsene Schlittenhunde benötigen je nach Aktivitätsgrad und Körpergröße mehr oder weniger Futter, Schlittenhunde im Training brauchen etwa 1.300 Kalorien am Tag. Im Zoofachhandel erhalten Sie hochwertige „Premium"-Nahrung – meist handelt es sich dabei um Trockenfutter –, die Sie Ihrem aktiven Schlittenhund nicht vorenthalten sollten. Eine gute Ernährung leistet einen wichtigen Beitrag für die Gesundheit des Vierbeiners – so sparen Sie Tierarztkosten. Gutes Futter erkennen Sie an der Qualität des Kotes, der von fester Konsistenz, nicht dünnflüssig, aber auch nicht knochenhart sein sollte. Die Kotmenge ist dabei bei hochwertigem Futter so klein wie nötig.

▶ Knochenfütterung ist tabu: sie kann zu Verstopfung und - noch viel schlimmer - zu inneren Verletzungen oder Erstickung führen. Füttern Sie keine Essensreste und keine Süßigkeiten wie Schokolade. Wenn Sie Ihren Hund belohnen wollen, nehmen Sie Hunde-Snacks. Verboten ist auch rohes Ei. Quark, Reis, Nudeln und Kartoffeln sind als Futterbeigabe möglich, jedoch nur ungewürzt. Füttern Sie kein rohes Fleisch und vor allem niemals rohes Schweinefleisch! Es kann Aujeszky-Viren enthalten, die eine tödliche Infektion bewirken. Alternde, alte oder kranke Hunde brauchen Spezialnahrung. Auch hier gibt es geeignete Produkte. Fragen Sie auch Ihren Tierarzt!

Ein Snack hebt die Stimmung

Verschiedenfarbige Alaskan Huskies beim Alpirod

ERGÄNZUNGS-FUTTER

Ein gesunder Schlittenhund braucht neben hochwertigem Fertigfutter keine weiteren Futterzusätze wie Vitaminpräparate. Diese können sogar schädlich sein. Sinnvoll sind dagegen sog. Snacks wie Kauknochen und Belohnungshappen, die Sie bei Bedarf zusätzlich verabreichen. Büffelhautknochen zum Nagen etwa dienen der Zahnpflege und beschäftigen den Hund, so daß er Ihre Wohungseinrichtung in Ruhe läßt. Sie können Ihrem Hund gelegentlich auch ein Stück Blättermagen oder grünen Pansen anbieten. Die darin enthaltenen Mikroorganismen sind gesund, und obendrein schmeckt's. Füttern Sie auf keinen Fall Speisereste oder bei Tisch. Diese sind auf Dauer nicht nur ungesund, das Füttern bei Tisch führt auch zu einem lästigen Bettelverhalten, mit dem Sie spätestens beim nächsten Restaurantbesuch unangenehm auffallen. Übrigens: Wenn Ihr Hund krank ist oder an Übergewicht leidet, kann Sie der Tierarzt mit spezieller Diätnahrung versorgen.

„Ich habe Hunger!"

Ein Stoffstiefelchen, genannt „Bootie", schützt die Hundepfoten vor Verletzungen

TIP: Füttern Sie nie direkt aus dem Kühlschrank, sonst riskieren Sie Magenprobleme.

HYGIENE

Ein geimpfter, gut gepflegter Hund, der regelmäßig vom Tierarzt kontrolliert wird, ist keine Gesundheitsgefahr für Ihre Familie. Grundsätzlich sollten Sie ihn so beaufsichtigen, daß er keine Mäuse, Unrat, Kot, verdorbene Nahrungsreste oder gar Giftköder aufnehmen kann. Schlittenhunde graben und stöbern nämlich mit Wonne nach allerlei „Wohlgerüchen". Selbstverständlich muß auch seine Liegematte regelmäßig gereinigt bzw. desinfiziert werden, falls er sich ein paar lästige „Mitbewohner" eingefangen hat.

IMPFUNGEN

Die regelmäßigen Auffrischungsimpfungen gegen die gefährlichen Viruskrankheiten sind eine Selbstverständlichkeit: 1x jährlich gegen Leptospirose, Parvovirose, Zwingerhusten und Tollwut; alle zwei Jahre gegen Staupe und HCC. Fragen Sie Ihren Tierarzt (Impftabelle mit Grundimmunisierung S. 64).

FELLPFLEGE

Schlittenhunde besitzen ein herrliches dichtes Fell mit schützender Unterwolle, das es zu pflegen gilt. Dazu

Ein geschwächter oder verletzter Husky wird immer auf dem Schlitten ins Ziel gefahren

VERSCHMUTZUNG

Schlittenhunde sind aktive Naturburschen, die viel im Freien unternehmen müssen. Natürlich machen sie sich dabei schmutzig, und Ihre Wohnung wird es zwangsläufig auch. Sehen Sie es großzügig, es gibt Wichtigeres. Ist Ihr Hund mal wieder total verschlammt, stellen Sie ihn – ohne Shampoo! – kurz unter die Dusche. Falls er sich mit einem „Wohlgeruch" parfümiert hat, nehmen Sie ein mildes Hundeshampoo.

Um die Hunde zu schonen, schiebt der Sportler mit an

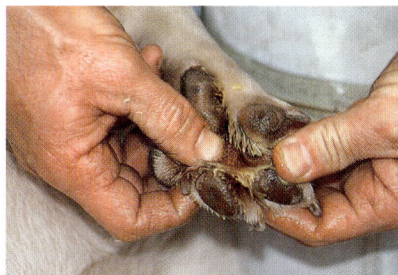

Pfotenpflege mit einer Salbe

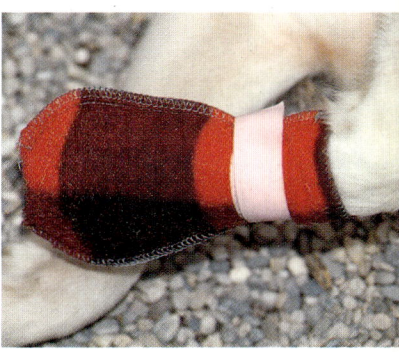

Ein „Bootie" im Detail

gehört auch das tägliche Kämmen, um Althaare zu entfernen, die sonst die Wohnung belasten. 2x jährlich findet der Fellwechsel statt. Ihr Pelztier verliert dabei Unmengen seiner Unterwolle. Wenn Sie beim Bürsten auf Zecken stoßen, müssen Sie sie so entfernen, daß der Kopf des Blutsaugers nicht in der Haut zurückbleibt und eine Ent-zündung verursacht. Eine Zeckenzange leistet dabei gute Dienste. Auf keinen Fall Öl o. ä. auf die Zecke träufeln (Borreliosegefahr!).

TIP: Fassen Sie den vollgesaugten Leib des lästigen Parasiten und drehen Sie ihn ruckartig mit einer leichten Drehung nach links heraus.

"Ich bin müde!"

PFLEGE VON A BIS Z

▶ Die **Augen**winkel werden mit einem feuchten Tuch gereinigt.

▶ Der Tierarzt zeigt Ihnen, wie Sie die **Krallen** mit einer speziellen Krallenschere regelmäßig kürzen können.

▶ Entfernen Sie bei der wöchentlichen Kontrolle der **Ohren** das Schmalz vorsichtig mit einem Schwamm (kein Stäbchen!). Bei übelriechenden oder stark verschmutzten Ohren, bei Rötungen oder Schuppenbildung gehen Sie bitte sofort zum Tierarzt

▶ Schlittenhunde sind Dauerläufer und oft nicht zu stoppen – selbst wenn ihre

Pfoten dabei schon wund sind. Ein Desinfektionsspray und eine Schrundensalbe verhindern dann Schlimmeres. Spülen Sie im Winter Streusalzreste von den Pfoten.

▶ Gesunde **Zähne** sind wichtig. Deshalb ist auch beim Vierbeiner Zahnpflege angesagt. Lassen Sie vom Tierarzt regelmäßig das Gebiß kontrollieren, und putzen Sie Ihrem Hund einmal wöchentlich die Zähne mit einer speziellen Hundezahncreme. Es gibt sie in verschiedenen Geschmacksrichtungen (z. B. Huhn). Unterstützend wirken Kauknochen und Zahnputz-Pellets, die Schlittenhunde mit Vergnügen zerkleinern und fressen. So wird das Zahnfleisch gefestigt, und die Tiere sind beschäftigt und kommen nicht auf die Idee, den Schrank anzunagen.

Zu dritt geht's: Der Tierarzt behandelt einen Schlittenhund

DER TIERARZT EMPFIEHLT

▶ Schlittenhunde sind robuste Tiere und deshalb selten krank. Um so ernster kann es sein, wenn Ihr Husky erste Krankheitsanzeichen wie Appetitlosigkeit, Antriebslosigkeit oder leises Winseln zeigt. Liegt Ihr Hund apathisch und lustlos an seinem Platz, riecht er unangenehm oder erbricht er, dann ist ein sofortiger Besuch beim Tierarzt angesagt. Diesen können Sie mit Ihrem Hund schon vorher üben, indem Sie ihm etwa beibringen, das Gebiß zu zeigen, den Fang zu öffnen und sich überall anfassen zu lassen. Halten Sie den Hund beim Tierarzt immer angeleint.

▶ Zeigt Ihr Hund nach dem Fressen eine starke Auftreibung seines Leibes und versucht vergeblich zu erbrechen, könnte eine Magendrehung vorliegen. **Sofort** den Tierarzt aufsuchen! Nur dann besteht eine Überlebenschance! Lassen Sie den Hund deshalb nie mit vollem Magen balgen oder toben!

pen stark belasten, ist eine regelmäßige Entwurmung besonders wichtig. Erwachsene Schlittenhunde sind viel unterwegs, deshalb empfiehlt es sich, sie drei- bis viermal pro Jahr gegen Spul- und Bandwürmer zu entwurmen. Vorsicht: Menschen können sich bei stark verwurmten Hunden, die solche Wurmeier im Fell haben, durchaus infizieren. Bei Wurmverdacht (Kot kontrollieren!) sollten Sie mit dem Hund unbedingt zum Tierarzt gehen.

FLOHBEKÄMPFUNG

Ihr Schlittenhund ist sehr naturverbunden, deshalb wird es nicht ausbleiben, daß er ab und zu ein paar Parasiten mit nach Hause bringt. Manchmal wachsen sich Flöhe jedoch zur regelrechten Plage für Mensch und Tier aus. In diesem Fall reicht ein Flohkamm nicht mehr aus, man muß stärkere Geschütze auffahren: Baden Sie Ihren Hund mit einem speziellen Anti-Floh-Shampoo (Zoofachhandel), und behandeln Sie vor allem auch alle Schlaf- und Ruheplätze Ihres Vierbeiners mit einem entsprechenden Mittel. Dort lauern die lästigen Parasiten nämlich bevorzugt. Tauschen Sie deshalb auch die Decken und Kissen Ihres Hundes durch frische aus. Sinnvoll ist in hartnäckigen Fällen auch der befristete Einsatz eines Flohhalsbandes. Bedenken Sie aber, daß Sie und Ihre Familie in dieser Zeit etwas distanzierter mit dem Hund umgehen, da die Insektizide der chemischen Flohhalsbänder auch für den Menschen nicht gerade gesundheitsfördernd sind.

ENTWURMEN

Im Gegensatz zu anderen Parasiten wirken Würmer im Inneren des Hundes, sind also nicht unmittelbar zu erkennen. Bei befallenen Hunden trifft man sie, je nach Entwirklungsstadium, im Magen- und Darmbereich, im Blutkreislauf, Lunge, Luftröhre oder Mundhöhle an. Da sie gerade Wel-

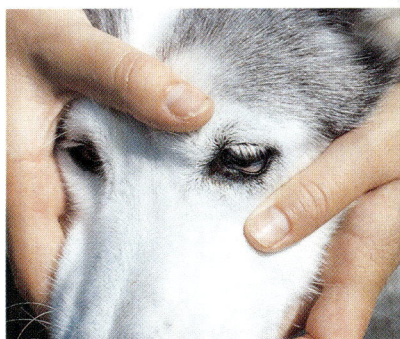

Untersuchung der Augen

Gebißkontrolle

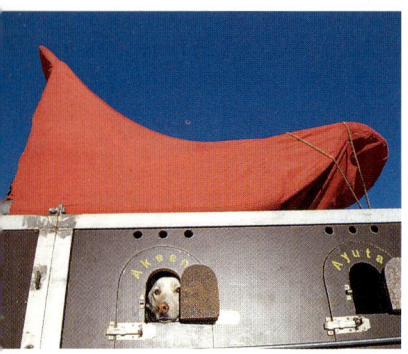

**Transportanhänger mit auf-
montiertem Rennschlitten**

Pelziger Siberian Husky („Woolie") beim Gassifahren

Auch Schlittenhunde können lernen

Hundeschule für Naturburschen

*Schlittenhunde haben ihren eigenen
Kopf. Eine gute Erziehung
ist deshalb für ein har-
monisches Zusammen-
leben mit dem Menschen
besonders wichtig.*

Siberian Huskies am Stake-out (siehe HUSKY-ABC auf Seite 39)

Aufmerksamkeit ist die Basis

Nein, dressieren sollen Sie Ihren Schlittenhund nicht! Bei der Erziehung geht es nicht um Kunststücke und Tricks, sondern vielmehr darum, Ihrem Hund die „Eingliederung in die menschliche Gesellschaft" zu erleichtern. Denn eines ist klar: Der unerzogene Hund hat's schwer im Leben und büßt das Versagen seines Menschen oft mit schmerzhaften Erfahrungen. Am Ende wird er gar zu einer Gefahr für andere – die Medienberichte über Unfälle mit Hunden sprechen eine deutliche Sprache. Tun Sie Ihrem Vierbeiner und sich selbst deshalb einen Gefallen, und beginnen Sie mit der Erziehung schon im Welpenalter.

GRUNDERZIEHUNG

Mit der Aufnahme des Welpen in sein neues Zuhause geht's sofort los. Sie sind jetzt das neue Leittier, also verhalten Sie sich entsprechend. Seien Sie konsequent, eindeutig und vor allem liebevoll und geduldig. Sie geben die Richtlinien vor, die Ihr Hund braucht. Die Erziehung erfolgt mit Lob und Tadel, keinesfalls unter Einsatz gewaltsamer Maßnahmen. Lob bedeutet Streicheln, Spielen und freundliche Worte wie „Brav" in einem herzlichen Tonfall. Tadel dagegen ist der Entzug obiger Dinge zusammen mit kurzen und harten Tönen wie „Aus" oder „Pfui". Hörzeichen wie „Komm" oder „Sitz" werden dagegen nüchtern, in leichtem Befehlston vorgetragen. So lernt Ihr Hund schnell am Tonfall, ob er etwas richtig oder falsch gemacht hat. Behandeln Sie den Welpen wie ein kleines Kind. Vermitteln Sie ihm die Grundlagen im Spiel, begeben Sie sich mit ihm auf eine Ebene, und setzen Sie sich zu ihm auf den Boden, anstatt „von oben herab" zu dozieren. Rollen Sie dem Welpen einen Tennisball zu. Rollt er ihn zurück, loben Sie ihn, z. B. durch Streicheln. Das empfindet er als angenehm. Wenn er dagegen Gegenstände in der Wohnung annagt oder Steine kaut, tadeln Sie ihn energisch mit „Aus!", und brechen Sie das

Genau das sollte nicht passieren!

begonnene Spiel ab. Das empfindet der Welpe dann als unangenehm. So lernt er schon im zarten Alter, was erwünscht und was verboten ist.

Junge Hunde sind allerdings nur dann in der Lage, solche Zusammenhänge zu erkennen, wenn Ihre Reaktion unmittelbar auf die Handlung des Tieres erfolgt. Deshalb müssen Sie Ihren Hund immer sofort loben oder tadeln. Läuft Ihr Hund einmal unerlaubt weg und kehrt nach einiger Zeit zurück, müssen Sie ihn loben, denn das Lob bezieht sich auf seine Rückkehr. Wenn Sie schimpfen, bleibt er beim nächsten Ausreißen einfach noch länger weg. Verwenden Sie immer dieselben kurzen Hörzeichen, nicht einmal „Platz" und beim nächsten Mal „Leg dich". Auch Ihre ganze Familie sollte konsequent diese Hörzeichen verwenden. Vermeiden Sie auch ganze Sätze wie „Bitte komm jetzt". Lassen Sie Ihren Welpen, sooft es geht, mit anderen Hunden toben. Viele Hundevereine bieten hierzu sog. Prägungsspieltage an: Die Welpen lernen spielerisch ihre Grenzen kennen und üben dabei das richtige Sozialverhalten gegenüber Artgenossen. Außerdem wird ein Umwelttraining mit den Welpen absolviert.

Zwei dicke Freunde! Lassen Sie sie trotzdem nie unbeaufsichtigt

TIP: Verlieren Sie bei der Erziehung nicht die Nerven, schreien Sie den Hund nicht an, und gestikulieren Sie nicht herum. Ihr Hund kann mit solchen Ausbrüchen nichts anfangen und macht dann erst recht alles falsch. Statt dessen sind Ruhe und Geduld angesagt, probieren Sie es einfach noch einmal.

STUBENREINHEIT

Woher soll Ihr Welpe eigentlich wissen, daß er sein Geschäft zwar in der Wiese, nicht aber auf dem flauschigen Wohnzimmerteppich verrichten darf? Er weiß es nicht! Also müssen Sie ihm den Unterschied zeigen: mit einem energischen, tadelnden „Pfui", wenn Sie ihn auf frischer Tat ertappen. Dann

"Sitz" gehört zu den Dingen, die jeder Hund können sollte

UMWELTTRAINING

Obwohl Ihr Schlittenhund nicht in der Großstadt lebt, sollte er sich trotzdem auch auf belebten Plätzen und im Straßenverkehr zurechtfinden. Bringen Sie den Welpen deshalb schon früh in entsprechende Situationen: Bahnhöfe, Fußgängerzonen, öffentliche Verkehrsmittel, andere Hunde – natürlich behutsam und stets angeleint. Belohnen Sie ihn dabei immer, wenn er seine Angst oder Unsicherheit überwindet. So steigern Sie sein Selbstbewußtsein und stärken das Gefühl der Zusammengehörigkeit. Fördern Sie Begegnungen mit anderen Hunden, z. B. bei Prägungsspieltagen – nehmen Sie Ihren Welpen nicht ängstlich auf den Arm! Laufen, Toben und Kampfspiele gestalten die "Umgangsformen" Ihres Hundes – jedoch erst, wenn Sie das Spiel freigeben.

bringen Sie ihn sofort nach draußen – am besten immer an dieselbe Stelle – und warten geduldig, bis er sich löst. Jetzt überschwenglich loben!
In den ersten Wochen sollten Sie Ihr Hundekind tagsüber alle zwei bis drei Stunden nach draußen führen, auf jeden Fall immer nach dem Fressen, Aufwachen und Spielen. Wenn der Kleine dann unruhig herumschnüffelt und so zu erkennen gibt, daß er ein Plätzchen sucht, müssen Sie ihn schnell nach draußen bringen. Auch nachts sollten Sie sich anfangs die Mühe machen, alle drei bis vier Stunden aufzustehen und den Welpen in den Garten zu bringen. Keine Sorge: Welpen wachsen schnell und mit ihnen die Fähigkeit, länger durchzuhalten. Nach zwei bis drei Wochen wird Ihr Hund spätestens stubenrein sein.

Leinenführigkeit ist möglich

Die Übung „Platz" ist die logische Erweiterung von „Sitz"

„KOMM!"

Schlittenhunde haben einen großen Freiheitsdrang. Hier sollten Sie frühzeitig vorbeugen! Für den Welpen sind Sie das Leittier. Er wird Ihnen deshalb folgen, wenn Sie sich von ihm fortbewegen. Rufen Sie ihn währenddessen mit dem Kommando „Komm!". Loben Sie ihn überschwenglich, wenn er zu Ihnen läuft. Entfernt sich Ihr Vierbeiner bei einem Spaziergang, sollten Sie nicht wild schreien. Solange er Sie nämlich noch hören kann, wähnt er sich in Sicherheit und entfernt sich eher noch weiter – denn er weiß ja, wo sich sein „Leithund" aufhält. Bleiben Sie statt dessen still, und verstecken Sie sich. Damit überraschen Sie Ihren Hund, er kommt reumütig zurück und wird sich beim nächsten Mal nicht mehr außer Sichtweite entfernen. Sie sollten erst gar nicht versuchen, einen unfolgsamen Schlittenhund einzufangen. Er ist sowieso schneller als Sie und versteht Ihr Getue als lustiges Jagdspiel. Wenden Sie sich besser ab, und gehen Sie weg, ohne ihn weiter zu beachten. Er folgt Ihnen dann von selbst, um den Anschluß an sein Herrchen nicht zu verlieren. Einige Schlittenhunde allerdings haben einen derart ausgeprägten Jagdtrieb, daß sie trotz allem immer wieder ausbüchsen. In diesem Fall müssen Sie den Vierbeiner stets an der Leine führen und dafür sorgen, daß er nicht aus Haus und Garten ausbricht.

Gönnen Sie Ihrem Hund öfter eine Übungspause

Die Alaskan Huskies ziehen, Musher Heini Winter schiebt

RENNKOMMANDOS

Huskies im Renneinsatz hören nicht auf „Fuß" oder „Bleib". Von Natur sind sie zum Laufen geboren. Deshalb hat der Befehl „Go" zum Losrennen keine wirkliche Bedeutung, denn sobald man den Fuß von der Bremse nimmt, sprinten die Huskies sowieso los. Recht nutzlos ist auch das Kommando „Whoa" zum Anhalten, denn zum Stehen bringt man ein Gespann, wenn überhaupt, nur mit einem beherzten Tritt auf die Schlittenbremse. Von großer Bedeutung sind dagegen die an die Leithunde gerichteten Befehle „Gee" (dschi) und „Haw" (hoah) für rechts und links.

LEINENFÜHRIGKEIT

Da Ihr Schlittenhund zu den eher ungeschliffenen Rassen zählt, sollten Sie ihn bereits im Welpenalter an Halsband und Leine gewöhnen. Verwenden Sie dazu ein der Welpengröße angemessenes Halsband aus Leder und kein Stachelhalsband – auch nicht beim erwachsenen Hund. Gehen Sie behutsam vor, wenn sich der Kleine gegen die Leine wehrt und dagegenzerrt. Lassen Sie sich auf kein Tauziehen ein, sondern locken Sie den Widerspenstigen lieber mit Streicheleinheiten oder einem Belohnungshappen zu sich. So lernt er, daß der unange-

nehme Zug auf der Leine von selbst verschwindet, solange er in Ihrer Nähe bleibt. Überfordern Sie den Kleinen jedoch nicht, denn seine Konzentrationsfähigkeit ist gering. Machen Sie lieber mehrere kurze Übungen als einen endlosen Versuch, bei dem beide Seiten ermüden.

Ist Ihr Schlittenhund aus dem Welpenalter heraus, ersetzen Sie Welpenhalsband und -leine durch eine robustere Ausführung aus Leder. Ab einem Alter von sechs Monaten können Sie Ihrem Junghund beibringen, korrekt an der Leine zu gehen. Versucht er auszubrechen, zieht er voran oder bleibt er zurück, so korrigieren Sie dieses Verhalten mit einem energischen Ruck an der Leine und dem deutlichen Hörzeichen „Fuß!". Sobald Ihr Vierbeiner wieder korrekt neben Ihnen herläuft, lockern Sie die Leine und loben ihn. Eine permanent straffe Leine drückt ihm die Luft ab und kann Quetschungen verursachen. Deshalb ist der Leinenruck zur rechten Zeit auf jeden Fall die bessere Lösung. Gehen Sie auch bei dieser Übung geduldig vor. Schlittenhunde sind zäh und eigenwillig. Außerdem liegt ihnen das Ziehen „im Blut", schon ihres Berufes wegen. Sie brauchen also viel Ausdauer und

SCHLITTENHUNDETRAINING

Wer seinen Schlittenhund als Rennhund einsetzen will, geht ganz anders vor als der Halter eines Familienhundes. Schlittenhundesportler besitzen immer mehrere Tiere, hierzulande in der Regel zwischen vier und fünfzig. Diese leben natürlich nicht im Haus, sondern in einem Zwinger mit Menschenanschluß, der häufig am Ortsrand angesiedelt ist. Rennschlittenhunde werden nicht im herkömmlichen Sinn erzogen, sondern trainiert. Als Welpen übt man mit einem Stück Holz oder später mit einem Autoreifen, den die Tiere an einer Schnur hinter sich herziehen. Mit acht Monaten kann man die Tiere dann langsam mit anderen Hunden einspannen und einen Trainingswagen ziehen lassen. Informationen über die Ausbildung und Haltung von Rennschlittenhunden sowie die für diesen aufwendigen Sport notwendige Ausrüstung geben die Schlittenhundesportverbände. In deren Verbandspublikationen bieten zudem zahlreiche Inserenten Trainingsgerät und Ausrüstung an.

Das „Fahrerlager" (Stake-out)

Langstreckenschlitten vor dem Start einer Alpentrail-Etappe

Konsequenz, bis Ihr Schlittenhund diese Übung gelernt hat.

„SITZ!"

„Sitz!" können Sie Ihrem Welpen schon mit etwa acht Wochen spielerisch beibringen. Rufen Sie den Hund zu sich, und halten Sie ihm einen kleinen Belohnungshappen ca. 15 cm über die Nase. Führen Sie den Happen dann so über seinen Kopf, daß er sich automatisch hinsetzt – sagen Sie dabei deutlich „Sitz!". Damit Ihr Hund dem Häppchen nicht entgegenspringt, reichen Sie es ihm zur Belohnung auf offener Hand unterhalb der Schnauze. Wenn der Kleine diese Übung be-

Anlegen des Geschirrs

herrscht, sollten Sie das Sitzen auch an der Leine üben. Halten Sie den Hund dazu an Ihrer linken Seite, gehen Sie ein paar Schritte, und sagen Sie dann „Sitz!". Geben Sie dem Hund noch einige Schritte Zeit zum Nachdenken, dann sollte er sich hinsetzen. Gibt es dabei Probleme, können Sie als Hilfe mit der linken Hand ein wenig Druck auf die Kruppe ausüben, während Sie mit der Rechten den Kopf des Hundes mit Hilfe der Leine hochhalten. Dabei sagen Sie wieder deutlich „Sitz!" und loben ihn freudig, wenn es geklappt hat. Ihr Lob ist seine Motivationsspritze. Auch Schlittenhunde lernen gern.

„PLATZ!"

Auch diese Übung können Sie Ihrem Hund wieder spielerisch beibringen. Lassen Sie ihn zunächst sitzen, und bewegen Sie das Belohnungshäppchen am Boden so vom Hund weg, daß er sich hinlegen muß, um es zu erreichen. Damit er dabei nicht aufsteht, üben Sie wieder ein wenig Druck auf die Kruppe aus. Geben Sie dabei deutlich das Kommando „Platz!". Wenn die Übung einige Male geklappt hat, können Sie das Belohnungshäppchen durch Streicheleinheiten ersetzen. Auch diese Übung erfordert – zumal bei einem Schlittenhund – viel Geduld. Verlangen Sie vor allem von einem Welpen nicht zu viel. Motivieren Sie ihn durch Lob und Streicheln, anstatt ihn mit Zwang zu frustrieren.

ALLEINBLEIBEN

Gerade bei Schlittenhunden ist das Alleinbleiben eine besonders wichtige Angelegenheit, da sie rassebedingt sehr zum Heulen neigen. Beginnen Sie auch hier behutsam, indem Sie das Tier zunächst nur für wenige Minuten alleine lassen und dabei vor dem Haus in Hörweite verweilen. Quittieren Sie eventuelles Heulen oder Bellen dann mit einem ta-delnden „Aus!" oder „Pfui!". Lassen Sie sich bei Ihrer Rückkehr überschwenglich begrüßen. Nach und nach können Sie die Abwesenheitsperioden ausdehnen.

TIP: Gibt es Probleme, kann man sich oft auch mit einem leise eingeschalteten Fernseher oder Radio behelfen – die Stimmen helfen dem Hund dabei, das Gefühl der Einsamkeit zu unterdrücken.

ANSPRINGEN

Schlittenhunde lieben Menschen, und wie alle Hunde zeigen sie ihre Zuneigung

Vor dem Start kaum zu halten

KLEINES HUSKY-ABC

Begriffe aus der Welt des Schlittenhundesports:

▶ **Musher:** Bezeichnung für den Gespannlenker (heute Mushers kümmert und beim Einspannen und Start des Gespanns behilflich ist.

▶ **Trail:** Piste, auf der das

▶ **Pulka:** Mit Gewichten beschwerte Kunststoffwanne, die in der Pulka-Klasse von einem oder mehreren Schlittenhunden gezogen wird. Der Musher folgt auf Langlaufskiern und ist über ein Seil mit der Pulka verbunden.

▶ **Klassen:** Die Musher starten in verschiedenen Klassen mit 4, 6, 8 bzw. in der Offenen Klasse mit beliebig mehr als acht Hunden. Diese Klassen werden manchmal auch mit C, B, A und O abgekürzt.

▶ **Booties:** Stiefelchen aus Filz oder Wachstuch für die Hundepfoten, um diese bei aggressiven Schneeverhältnissen vor Verletzungen zu schützen.

Die Leithunde (Lead Dogs) geben das Tempo an.

Schlittenhundesportler), abgeleitet vom französischen Wort „marcher".

▶ **Dog-Handler:** Helfer, der sich mit um die Hunde des Rennen gefahren wird – die Streckenlänge variiert zwischen 8 und 2.000 km.

▶ **Stake-out:** „Fahrerlager" eines Schlittenhunderennens.

▶ **Schneeanker:** Metallkralle, mit der ein Gespann auf der Strecke oder am Start ohne fremde Hilfe auf seinem Platz gehalten wird. Die Kralle ist so gebaut, daß sie sich bei Zug in den Schnee frißt.

---

gerne durch Hochspringen. Nun beruht diese Zuneigung, vor allem bei fremden Menschen, nicht immer auf Gegenseitigkeit, deshalb sollten Sie versuchen, Ihrem Vierbeiner diese Unart abzugewöhnen. Dazu gehört zunächst einmal, daß Sie das Hochspringen nie belohnen, sondern sich vielmehr mit einem tadelnden „Aus!" oder „Pfui!" abwen-

den. Reicht das nicht aus, blocken Sie Ihren Rabauken dabei mit vorgezogenem, angehobenem Knie im Brustbereich ab. So bekommt er nicht den gewünschten Körperkontakt. Gleichzeitig schimpfen Sie ihn mit „Pfui!". Klappt auch dies nicht so recht, greifen Sie den Hund beim Anspringen an beiden Vorderpfoten und drücken ihn in

die „Platz"-Position. Eine andere Alternative besteht darin, den Hund durch einen Schritt seitwärts ins Leere springen zu lassen und dabei das Hörzeichen „Sitz!" zu geben. Passen Sie aber auf, daß Ihr Schlittenhund dies nicht als lustiges Spiel auffaßt, das er dann bei der nächsten Gelegenheit mit schmutzigen Pfoten an fremden Passanten probiert.

BEGEGNUNG MIT ANDEREN HUNDEN

Fördern Sie den Kontakt mit Artgenossen. Schlittenhunde sind Rudeltiere. Sie brauchen Hundekontakte unbedingt, v. a. wenn sie als Einzelhunde gehalten werden. Seien Sie nicht ängstlich, wenn Ihr Welpe einem erwachsenen Hund begegnet – jeder normal sozialisierte Hund gewährt einem Welpen Narrenfreiheit. Bei erwachsenen Hunden können Begegnungen zwischen gleichgeschlechtlichen Tieren zu „angeberischem" Dominanzverhalten führen. In der Regel ist dies allerdings nur eine große Show, die für den Menschen ernster aussieht, als sie tatsächlich ist. Dennoch sollten Sie Ihren Hund sicherheitshalber auch anleinen, falls der andere ebenfalls an der Leine ist. Angeleinte Hunde entwickeln nämlich oft eine gewisse Angriffslust, da sie ihr „starkes Herrchen" hinter sich wissen. Wenn beide Hundebesitzer sich gegenseitig der allgemeinen Friedfertigkeit ihrer Vierbeiner versichert haben, kann man die Hunde gleichzeitig von der Leine und zusammen spielen lassen. Dies gilt freilich nur für den Fall, daß Ihr Schlittenhund nicht zu jenen Schlitzohren gehört, die das Ableinen sofort für einen ungenehmigten Ausflug in die Wildnis nutzen.

Anja Hörmann-Schwenzel mit „Anhang"

„BLEIB!"

Von unschätzbarem Wert in verschiedenen Lebenssituationen ist es, wenn Ihr Schlittenhund an einem bestimmten Ort zurückbleibt und dort auf Ihre Rückkehr wartet. Hierzu lassen Sie ihn zunächst liegen oder sitzen und entfernen sich dann langsam rückwärts, während Sie „Bleib!" sagen. Verdeutlichen Sie Ihre Absicht, indem Sie ihm die flache Hand entgegenstrecken. Am Anfang wird Ihnen Ihr Hund wahrscheinlich folgen. Bringen Sie ihn dann konsequent zum Ausgangspunkt zurück, und wiederholen Sie die Übung. Bleibt er brav zurück, gehen Sie zu ihm und loben ihn freudig. Allmählich steigern Sie dann die Entfernung, bis Sie am Ende sogar außer Sichtweite sind. Üben Sie, vor allem am Anfang, an einem möglichst ruhigen Ort und in kleinen Trainingseinheiten. Später können Sie auch an belebten Orten üben. Überfordern Sie Ihren Junghund nicht, und rufen Sie ihn nie zu sich, sondern holen Sie ihn stets ab.

„FUSS!"

Nutzt Ihr Schlittenhund das Gassigehen ohne Leine nicht zum Ausreißen, können Sie ihm auch das Ge-

hen bei Fuß ohne Leine beibringen. Voraussetzung
dafür ist eine gute Leinenführigkeit. Lassen Sie den
Hund zu Beginn der Übung
angeleint neben sich herge-
hen. Nun lassen Sie im Gehen die Leine auf den Bo-
den fallen und geben dabei
das Kommando „Fuß!". So-
bald Ihr Hund Anstalten
macht davonzulaufen, greifen Sie wieder nach der Leine und korrigieren ihn.

Schußfahrt auf wackeligen Kufen

Gleichzeitig wiederholen
Sie das Kommando. Erst
wenn Ihr Hund diese Vor-
stufe sicher beherrscht, sollten Sie mit dem Ableinen
beginnen. Klinken Sie dazu
die Leine beim Gehen aus,
und sagen Sie „Fuß!". Re-
den Sie Ihrem Hund außer-
dem lobend zu, damit er an
Ihrer Seite bleibt. Entwischt
er, so rufen Sie ihn zu sich
und üben erneut mit der
Leine, ehe Sie einen neuen
Freifolgeversuch starten.

TIP: Üben Sie nicht alles gleichzeitig, sondern beginnen Sie eine neue Übung
erst dann, wenn die voran-
gegangene klappt. Beenden
Sie das tägliche Training
stets mit einem Erfolgserleb-
nis für den Hund. Das er-
hält seine Freude am Ler-
nen. Danach sollten Sie mit
ihm ausgelassen spielen. Er
hat es sich verdient!

Husky-Massage nach einem harten Renntag

Morgendämmerung beim Alpirod

Agility – auch für Huskies ein Riesenspaß

Müde? Alaskan Husky im Schlittensack

Aktiv mit dem Schlittenhund

Action – ein Muß!

Damit er nicht verkümmert, muß Ihr Schlittenhund ständig etwas unternehmen. Und zwar 365 Tage im Jahr. Damit diese Pflicht nicht zur Qual wird, sollten Sie ein abwechslungsreiches Programm zusammenstellen.

Schlittenhunde brauchen von Natur aus viel Bewegung. Diesen natürlichen Drang müssen Sie unbedingt fördern. Wie alle größeren Laufhunderassen benötigt auch Ihr Schlittenhund täglich mindestens zwei Stunden Auslauf. Einfach nur Laufenlassen ist jedoch auf Dauer sowohl für den Hund als auch für Sie

Gespannfahren ist zum Heulen schön

Slalom ist eine schwierige Übung, die Intelligenz und Geschicklichkeit erfordert

zu langweilig. Also fordern Sie bitte auch die Spielfreude Ihres Vierbeiners heraus: Werfen Sie Bälle und Stöckchen, verstecken Sie Sachen, und lassen Sie ihn suchen. Hauptsache, Sie haben die Aufmerksamkeit Ihres Begleiters.

SPIELE

Kluge Hunde spielen viel: Tägliches Spielen ist nicht nur für den Welpen von großer Bedeutung, um Geschicklichkeit, Kraft und Intelligenz zu entwickeln. Auch erwachsene Hunde müssen spielen, um geistig aktiv und fit zu bleiben. Vor allem Arbeitstiere wie Schlittenhunde, die als Familienhunde plötzlich „arbeitslos" geworden sind, brauchen unbedingt eine Beschäftigung, bei der sie ihre überschüssigen Energien austoben können. Besonders beliebt sind Beutespiele: Sie können sich mit Ihrem Wildfang z. B. um einen Jutesack oder ein Seil als „Beutestück" rangeln. Gerade bei einem jungen Hund sollten Sie dabei Ihre Kräfte maßvoll einsetzen und bis zum Zahnwechsel (im 4. oder 5. Monat) aufpassen. Dadurch, daß Sie den Hund beim Spielen „auf Ideen bringen", kann er sich später auch eher einmal allein beschäftigen. Außerdem erhöht das gemeinsame Spiel die Anhänglichkeit Ihres Schlittenhundes, was Ihnen wiederum bei seiner Erziehung zugute kommt. Spielen Sie sich ins Herz Ihres neuen Freundes!

Fahrradfahren macht Spaß

JOGGEN

Ihr Schlittenhund ist ein Lauftier. Mit Begeisterung wird er Sie beim Joggen begleiten. Natürlich klappt das nur bei einem bereits erwachsenen, gut erzogenen Hund, der bei Fuß geht oder zumindest leinenführig ist – sonst kommen Sie dabei ganz schön aus dem Rhythmus. Das Joggen ist jedoch kein Ersatz für eine geistige Beschäftigung Ihres Vierbeiners.

FAHRRADFAHREN

Ein erwachsener Schlittenhund kann ohne weiteres längere Strecken neben einem Fahrrad herlaufen – jedoch nicht in der Mittagshitze oder prallen Sonne! Verlegen Sie Ihre Touren an heißen Sommertagen also in den frühen Morgen oder die Abendstunden. Außerdem ist es wichtig, den Hund nicht von „null auf hundert" zu belasten, sondern die Streckenlängen langsam zu erhöhen. Auch Rennhunde werden schließlich nicht von einem Tag zum anderen in ein Langstreckenrennen geschickt, sondern sorgfältig trainiert. Lassen Sie Ihren Hund frühestens mit acht Monaten am Fahrrad laufen, und lassen Sie ihn vorher vom Tierarzt untersuchen.

TIP: Aus Sicherheitsgründen sollten Sie den Hund am Rad immer auf der verkehrsabgewandten Seite führen. Die Leine soll dabei locker durchhängen. Im Zoohandel gibt es dehnbare Spezialleinen fürs Fahrrad, die einen plötzlichen Ruck abfangen.

SCHWIMMEN

Schlittenhunde sind erfrischend unkomplizierte Naturburschen. Die wenigsten haben Angst vor Wasser. Wichtig für zukünftige ungetrübte Badevergnügen ist, daß der erste Kontakt angst- und streßfrei erfolgt. Deshalb dürfen Sie den Hund

Konzentriert springt der Husky durch den Reifen

Führen Sie Ihren Hund behutsam an das neue Hindernis heran

Schlittenhundeschule – hier kann jeder das Gespannfahren lernen

auf keinen Fall ins Wasser zwingen. Zeigt er Angst, gehen Sie einfach mit gutem Beispiel voran und locken ihn zu sich ins kühle Naß. Sie können z. B. auch ein Stöckchen immer weiter ins Wasser hinauswerfen, bis Ihr Hund seine „Beute" nur noch schwimmend und nicht mehr im Wasser stehend erreichen kann. Der Jagdtrieb ist in diesem Fall stärker als die Angst, und hat Ihr Hund erst einmal gemerkt, wie einfach Schwimmen ist, wird er diese willkommene Gelegenheit zum Abkühlen gerne nutzen, wo immer sie sich bietet. Doch Vorsicht: Lassen Sie ihn nur in Gewässer mit vertretbarer Wasserqualität, sonst riskieren Sie Hautausschläge oder Darmerkrankungen. Baden ist auch in der kühleren Jahreszeit kein Problem für einen Schlittenhund. Danach muß er allerdings in Bewegung bleiben, bis er abgetrocknet ist, um Erkältungen zu vermeiden. Nach einem Bad im Meer müssen Sie das Fell mit Süßwasser abduschen.

TIP: Setzen Sie Ihren Vierbeiner bis zu einem Alter von acht bis neun Monaten keinen Belastungen aus – kein Laufen am Fahrrad oder Pferd. Fangen Sie langsam an, und steigern Sie die Belastung allmählich.

HUNDESPORT

Neben dem eigentlichen – recht zeitaufwendigen und teuren – Schlittenhundesport gibt es für Besitzer aktiver Hunderassen auch Alternativen. Welche Sportart für Sie in Frage kommt, hängt vom lokalen Angebot und Ihrem Interesse ab.

BREITENSPORT

Wenn Sie mit Ihrem Hund über Hindernisse springen und Slalom laufen wollen, ist der Breitensport (auch Turnierhundesport genannt) genau das richtige für Sie. Fragen Sie bei Ihrem nationalen Verband (VDH, ÖKV, SKG) nach einem Hundesportverein in Ihrer Nähe, und schauen Sie sich den Breitensport in der Praxis an.

AGILITY

Agility ist ein Riesenspaß für Hund und Mensch. Hier absolvieren Sie im Gegensatz zum Breitensport nicht gemeinsam mit Ihrem Hund den gleichen Parcours, sondern dirigieren Ihren Vierbeiner über einen viel komplexeren Aufbau aus Wippen, Stegen, Slalomstangen und Tunnels. Agility ist anspruchsvolle Teamarbeit und hält Ihren Vierbeiner auch geistig fit. Der Tierarzt sollte wegen der Gelenkbelastung vorher sein okay geben. Probieren Sie es einfach einmal.

Huskies am Trainingswagen

BEGLEITHUND-PRÜFUNG

Schlittenhunde eignen sich nicht zum Schutzdienst. Ersparen Sie sich und Ihrem Freund ein entsprechendes Training, das von vornherein zum Scheitern verurteilt wäre und sein liebenswertes Wesen nur zerbrechen würde. Aber es gibt durchaus Schlittenhunde, die eine Ausbildung zum verkehrssicheren Begleithund absolvieren können. Ist Ihr kälteliebendes Temperamentbündel dafür zu eigenwillig – seien Sie nicht traurig. Ihr Hund hat einfach andere Qualitäten. Und in seiner Welt gibt es Wichtigeres als blinden Gehorsam.

Schlittenhunde sind gute Schwimmer

Schlittenhundesportler sind bei jedem Wetter unterwegs

SCHLITTENHUNDE-SPORT

Wenn der Schlitten also das bevorzugte Sportgerät Ihres Vierbeiners ist, wieso nicht selbst in den Schlittenhundesport einsteigen? Ganz einfach: Es ist teuer, zeitintensiv – und außerdem benötigt man in der Regel auch mehr als einen Hund. Lediglich der Pulkasport mit Langlaufskiern funktioniert auch mit einem Einzelhund. Selbstverständlich können Sie auch ohne Pulka zusammen Skilanglaufen. In vielen Gegenden werden im Winter bereits spezielle Hundeloipen eingerichtet. Bevor Sie sich nun Hals über Kopf in das Abenteuer Schlittenhundesport stürzen, sollten Sie sich sehr genau informieren. Besuchen Sie möglichst viele Rennen, und reden Sie mit den Aktiven über den Aufwand und die Anforderungen. Dann probieren Sie es selbst einmal aus – und zwar in einer Schlittenhundeschule, wie sie z. B. Thomas Gut in Frauenau im Bayerischen Wald betreibt. Dort können Sie das „Musherhandwerk" in Wochenkursen praktisch erlernen – Hunde und Ausrüstung werden Ihnen dabei gestellt. Erkundigen Sie sich bei den Verbänden nach entsprechenden Einrichtungen.

Pulkafahrer bei der WM

Alaskan Malamute im Schnee

HUNDSTAGE

Schlittenhunde wurden für die Arbeit unter extremen klimatischen Bedingungen gezüchtet – sozusagen für ein Leben im „Eisfach". Trotzdem sind sie ausgesprochen anpassungsfähig, und das nicht umsonst. Denn die Sommer in Alaska sind kaum kühler als die unseren, und eine Haltung dieser Hunde in unseren Breiten ist keinesfalls Tierquälerei. Im Sommer verlieren die Hunde ihre wärmende Unterwolle. Dieser Haarwechsel macht sich dann in der Wohnung recht unangenehm bemerkbar. Trotz ihrer Anpassungsfähigkeit dürfen Sie Schlittenhunde nie überfordern. Meiden Sie für sportliche Betätigungen die größte Hitze, und halten Sie stets frisches Wasser bereit. Zum Ausruhen und Liegen braucht Ihr Hund natürlich immer ein schattiges Plätzchen.

AUTOFAHREN

Als Halter eines so aktiven Hundes werden Sie mit ihm häufig Ausflüge unternehmen. Schlittenhunde sind meist problemlose Mitfahrer. Am besten gewöhnen Sie Ihren Hund schon als Welpen ans Autofahren – geben Sie ihm vorher nichts zu fressen, für den Fall der Fälle ... Unternehmen Sie zunächst nur kurze Fahrten, und beenden Sie die Fahrt mit einem fröhlichen Spiel. Ganz wichtig ist, daß Sie den Hund so im Auto unterbringen, daß weder er noch die Insassen gefährdet sind. Im Fachhandel gibt es Netze, Gitter und Sicherheitsgurte für Hunde. Bei

Schlittentour durch Norwegens endlose Weite

Früh übt sich: Kinderrennen in Wallgau

URLAUBSZEIT

Nur wenn Sie jemanden haben, den Ihr Hund gut kennt und der ihn genauso gut versorgen kann wie Sie, können Sie ohne ihn in den Urlaub. Wann immer es geht, sollten Sie ihn mitnehmen! Ein Urlaub mit Hund will gut geplant sein: Lassen Sie sich von Ihrem Feriendomizil das Einverständnis schriftlich bestätigen. Eine Flugreise sollten Sie nicht unternehmen, da Ihr Hund im Frachtraum reist. Bei einer Bahnfahrt ist es praktisch, eine Platzkarte zu reservieren. Mit dem Auto ist es am bequemsten, da Sie hier selbst Tempo und Pausenrhythmus bestimmen können. Auch Hunde wollen im Urlaub nicht auf ihr gewohntes Futter, ihre Pflege- und Spielutensilien verzichten. Vergessen Sie nicht, genug Futter einzupacken. Eine Reiseapotheke ist wichtig, um kleine Wun-

Stürze gehören dazu

längeren Fahrten achten Sie darauf, daß das Tier genügend Platz im Auto hat und nicht durch Gepäckstücke verletzt werden kann. Außerdem sollten Sie ausreichend Futter und Wasser mitnehmen und häufige Pausen einlegen, bei denen Ihr Hund Gassi gehen und trinken kann. Wenn Sie ihn kurz (!!) im Auto alleine lassen müssen, dürfen Sie unter keinen Umständen in der Sonne parken. Beachten Sie dabei unbedingt die Sonnenwanderung! Leicht geöffnete Fenster sorgen für etwas Frischluft. Bedenken Sie, daß sich ein Auto, auch bei gemäßigten Lufttemperaturen, leicht in einen Backofen verwandeln kann (Hitzschlaggefahr!).

den zu behandeln. Auch Hunde können – vor allem am Wasser – einen Sonnenbrand bekommen, deshalb sollten Sie die Hundenase mit einer wasserfesten Sonnencreme schützen.

TIP: Vom 01.06. bis 30.09. erhalten Sie beim deutschen Tierschutzbund Tips rund um den Urlaub mit und ohne Hund in einer Urlaubs-Hotline (Telefon: 0228/6049627). Rufen Sie an, auch wenn Sie sich über Tierpensionen oder -sitter informieren wollen.

EINREISE-BESTIMMUNGEN

Wenn Sie ins Ausland fahren, müssen Sie sich vorher nach den jeweiligen aktuellen Einreisebestimmungen für Hunde erkundigen. Auskunft erteilen auch hier die nationalen Hundeverbände, in Deutschland etwa der VDH. In jedem Fall muß Ihr Hund über alle Schutzimpfungen verfügen (Tierarzt fragen!). In einigen Fällen wird sogar ein amtsärztliches Gesundheitszeugnis, eine Einfuhrerlaubnis oder Quarantäne verlangt.

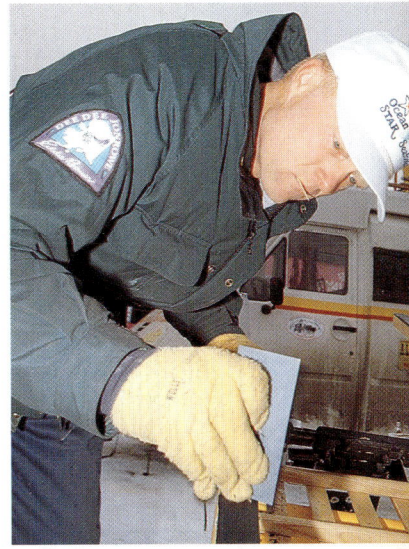

Kufenwachsen vor dem Start

Stefan Bittl bei der Deutschen Meisterschaft 1997 in Wallgau

Schlittenhunderennen

Heiße Jagd durch Eis und Schnee

Wenn der Atem gefriert, sind sie in ihrem Element: Schlittenhunde und ihre Musher, wie sich die Lenker der rasenden Gespanne selbst bezeichnen. Die Champions unter ihnen treffen sich jedes Jahr beim Europa-Cup – wir haben die Husky-Sportler bei ihren Rennen in Deutschland, Österreich und der Schweiz begleitet.

Lutz Binzer beim Alpirod

Eisige Zeiten im Engadin

Minus 30 Grad – was für eine Nacht! Bei jedem Schritt knirscht der Schnee gequält, während die Lichtke-

Beim Start entfalten Schlittenhunde ihre größten Energien

gel unserer Stirnlampen über den weißgefrorenen Boden tanzen. Endlich taucht die Silhouette eines Autoanhängers auf, das Ziel unseres nächtlichen Ausflugs. Meine beiden Begleiter öffnen nacheinander die in die Seitenwände des Fahrzeugs eingelassenen Klapptüren – jeweils ein oder zwei Alaskan Huskies springen heraus. Hoaauuu! Augenblicklich ertönt ein ohrenbetäubendes Freudengeheul. Im Nu sind wir von 20 quirligen Pelzkugeln um-

Speed! Nur Fliegen ist schöner

ringt. Ihr warmes Fell dampft im Licht der Stirnlampen. Immer wieder streicheln, loben und liebkosen Klaus Starflinger und seine Frau Silvia ihre herumtollenden Huskies. „Hunde-Droppen" nennen die Starflingers dieses 20-minütige Ritual, das viermal täglich, jeweils eineinhalb und viereinhalb Stunden nach einer Hundemahlzeit, praktiziert werden muß. Danach kommen die Tiere wieder in ihre warmen, mit frischem Stroh ausgepolsterten Boxen zurück, wo sie die Nacht verbringen. Alles dreht sich um Huskies im Leben der Starflingers. Dabei geht es weniger um das Geld für Futter und Pflege – die wirkliche Investition in ein erfolgreiches Schlittenhundeteam heißt *Zeit*. Allein vier Stunden täglich verschlingen Fütterung, „Droppen" und Tränken der Vierbeiner – ein enormes Maß an Zuwendung, das die Tiere jeden Tag, auch in den langen Sommerpausen, von ihren Besitzern fordern. Um so wertvoller erscheinen dann die Minuten auf dem Schlitten an den wenigen schneereichen Winterwochenenden. Der Europa-Cup – eine internationale Sprint-Rennserie, diesmal mit Läufen in Lenk (Schweiz), Kirchbach (Kärnten) und dem Finale in der Schwarzwaldgemeinde Todtmoos – ist für die Starflingers und viele andere Top-Athleten eine Versuchung, der sie schwer widerstehen können.

LENK

„10 Sekunden!" Der Lautsprecher trägt die sonore Stimme des Rennleiters über das Startgebiet von Lenk. Hunderte von Augenpaaren richten sich auf die junge Frau hinter dem Schlitten, die ihrem Start entgegenfiebert. Nadja Hellhake ist ein sogenannter „Rookie" – es ist ihre erste Rennsaison.
„5 Sekunden!" Nadja nimmt den Schneeanker auf, der

Wehe, wenn sie losgelassen...

de den Schlitten mitsamt der sich daran festklammernden Musherin aus dem Stand auf über 30 Stundenkilometer. Nahezu lautlos, mit fliegenden Zungen galoppieren die Huskies durch die Zuschauergasse, die sich entlang der Startgeraden gebildet hat. Nadja nimmt die Anfeuerungsrufe kaum wahr, sie konzentriert sich vollkommen auf die Strecke und ihre Leithunde „Elu" und „Astor". Sie lenkt ihr Team mit der Stimme, die beiden Leithunde bestimmen Kurs und Tempo.

Ihre nach hinten gerichteten Ohren verraten dabei größte Aufmerksamkeit. Da kommt auch schon die erste Abzweigung. „Haw!" ruft Nadja – das Kommando für links. Elu und Astor wissen, was sie zu tun haben und biegen mit unverminderter Geschwindigkeit in die enge Linkskurve ein. Doch plötzlich kippt der Schlitten, eine Kufe hängt gefährlich in der Luft. Nadja kann den enormen Seitenkräften nur durch Verbiegen der flexiblen Holzkonstruktion ihres Schlittens entgegenwir-

Helfer halten den Schlitten

den Schlitten bisher auf seiner Position gehalten hat. Dann umklammert Sie den Griff des Schlittens, ihr linker Fuß tritt energisch auf die Bremse, um die Stahlkrallen möglichst tief im weichen Schnee zu vergraben. Die vier Hunde steigern ihr unglaubliches Heulkonzert zum absoluten Höhepunkt. Sie kämpfen gegen die Bremse, wollen endlich losrennen.
„Drei, zwei, eins..."
Nadjas Fuß läßt die Bremse los, die Dog-Handler springen zur Seite.
„...Go!"
Mit einem enormen Ruck katapultieren die vier Hun-

Ein Dog-Handler betreut die Leithunde vor dem Start

Chipmarkierung beim Alpirod

Blutprobe für den Dopingtest

ken. Sie legt sich in die Kurve, um das schlitternde Gefährt am Umkippen zu hindern. Jetzt bloß nicht loslassen!

Wer Nadja bei ihrem Debüt zusieht, kommt kaum auf den Gedanken, daß es sich hier um ihr erstes Schneerennen handelt. Talent allein kann es nicht sein, doch vielleicht beruhigt es die Konkurrenz ja ein wenig, daß ihr Mentor und Le-

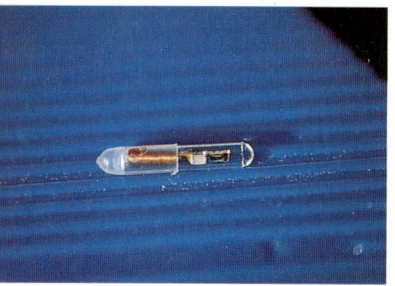

Mikrochip für die Markierung

bensgefährte Ralf Wohllaib auf eine lange internationale Musher-Karriere zurückblicken kann. Am Ende belegt Nadja den 7. Rang – eine hervorragende Ausgangsposition für die weiteren Rennen in Kirchbach und Todtmoos. Der 1. Platz in der 4-Hunde-Klasse geht freilich an einen erfahrenen Athleten: Uwe Radant aus Walle, der seinen Zugtieren in puncto Sportlichkeit wenig nachsteht und seine Huskies auf der gesamten Distanz durch Mitlaufen und Pedalen unterstützt. Doch Uwe Radant hat einen scharfen Konkurrenten: Roland Bauer aus Tirol ist ihm dicht auf den Fersen – nur 0,23 Wertungspunkte trennen die beiden Sportsmänner und ihre Teams vor dem zweiten Lauf in Kärnten.

TIERLIEBE IST OBERSTES GEBOT

Oberste Priorität bei Schlittenhunderennen hat das Wohl der „tierischen Sportler". Die Hunde werden vor und nach dem Start tierärztlich untersucht – wer nicht topfit ist, muß in der Box bleiben. Außerdem muß der Musher mit sämtlichen gestarteten Hunden das Ziel erreichen und einen verletzten oder erschöpften Hund auf dem Schlitten ins Ziel bringen. Auch das Auswechseln von Tieren ist verboten: Man kann Hunde zwar aus dem Gespann nehmen, darf sie jedoch während eines Rennens nicht durch neue ersetzen. Zur Kontrolle werden die Huskies mit Farbe markiert oder anhand von Mikrochips identifiziert, die den Tieren vorher unter die Haut eingepflanzt wurden. Und weil man Schlittenhunde nicht zum Laufen zwingen kann – schließlich gibt es weder Zügel noch Peitsche –, haben nur optimal gehaltene und trainierte Teams die Chance auf einen Sieg.

KIRCHBACH

Die schwindende Abendsonne taucht das Gailtal in ein warmes Gelb. Der Rennplatz ist verwaist. Die Zuschauer sind längst gegangen. Die Berge werfen lange Schatten, und die Kälte greift mit eisigen Fingern

nach den Mushern, die am Stake-out noch ihre Hunde versorgen. Trotz der Kälte ist es Uwe Radant warm ums Herz: Gerade hat er Roland Bauer zum zweiten Mal geschlagen, und das sogar in dessen Heimatland. Nach 13 Jahren Erfahrung im Schlittenhundesport steht der 39 Jahre alte Maschinenschlosser am vorläufigen Höhepunkt seiner Karriere. Wer könnte ihn beim Finale in Todtmoos noch schlagen?

PERSÖNLICHKEITEN

Wer die Starflinger-Menagerie näher betrachtet, ent-

deckt dabei ganz unterschiedliche Charaktere. Da ist zum Beispiel „Eddy", Silvias Leithund, ein weißer Riese. Er folgt aufs Wort, ist groß und knuddelig – kurz: ein verschmuster Frauentyp. „Pluto" dagegen kann sein Maul nicht halten – man kann sich regelrecht

Alaskan Huskies in Action

Verfolgungsjagd bei der Deutschen Meisterschaft in Wallgau

Bei Nachtetappen weist die Stirnlampe den Weg

mit ihm unterhalten, denn er reißt andauernd die Klappe auf. Auch „Roxy" trägt ihren Spitznamen „Prinzessin" nicht ohne Grund: Die vierjährige Leithündin in Starflingers Achter-Gespann will immer im Mittelpunkt stehen – was ihr auch mühelos gelingt. Sie liebt Menschen und läßt ihre Artgenossen ungerührt abblitzen. „Jumpers" Sprungkraft ist gewaltig: Beim Rennen fliegen immer alle vier gleichzeitig durch die Luft.

Die blauäugige „Bess" wiederum hört auf den Spitznamen „Quietschmaus": Wo andere bellen, entfährt ihr nur ein tierisches Gequietsche. „Cleo" ist ein Muskelpaket, das keine Sekunde stillhalten kann. Vorsicht, Hochspannung! Selbst eine Narkose des Tierarztes konnte dieses vierbeinige Dynamitfaß nicht ruhigstellen. Und die Brüder „Bandit" und „Danger" sind in der Szene auch unter ihren Decknamen „Tod" und

„Teufel" gefürchtet: Beide schießen zur Fütterungszeit explosionsartig aus ihren Boxen.

TODTMOOS

Endzeitstimmung in Todtmoos: Der Schwarzwald biegt sich unter Gewitterstürmen, und ein warmer Dauerregen läßt die ehemals eineinhalb Meter dicke Schneedecke bedrohlich zusammenschmelzen. Ausgerechnet hier soll das große

Finale des Europa-Cups stattfinden. Uwe Radant ist dennoch zuversichtlich, die bergige Strecke und der weiche Untergrund kommen seinem athletischen Fahrstil durchaus entgegen. Anders Klaus Starflinger, der sich mit einem unerwarteten Problem konfrontiert sieht: Seine besten Hunde leiden an Husten, er muß deshalb auf weniger starke Ersatztiere zurückgreifen – der 3. Platz in der Cup-Gesamtwertung ist in Gefahr. Uwe Radant sichert sich bereits im ersten Durchgang über 40 Sekunden Vorsprung. Klaus Starflinger dagegen will mit seinem Ersatzteam nichts erzwingen, er gibt sich mit dem 9. Platz zufrieden. Nadja Hellhake wiederum hat Grund zur Freude: 6. Platz nach dem ersten Durchgang.

SIEGERTYPEN MÜSSEN NICHT GEWINNEN

Sonntag – Tag der Entscheidung: Naßkalter Schneeregen, eine trostlose Wolkensuppe hängt dicht über dem Schwarzwald, während die Teams am Stake-out, dem Fahrerlager, ihre Huskies einspannen. Trotzdem sind mehr als 10.000 Besucher an den Trail gekommen. Dann der Start in der 4-Hunde-Klasse: Uwe

Radant geht als erster auf die Strecke, sein rasanter Fahrstil reißt die Zuschauer aus ihrer frostigen Lethargie. Gleich darauf folgt Heidi Hiermeier aus Halsbach in Oberbayern. Ihr geht es nicht darum, Radant einzuholen, sondern von Roland Bauer nicht überholt zu

Auf dem Siegertreppchen

werden. Nur 18 Minuten später herrscht im Ziel gespannte Erwartung, jeden Augenblick muß der Gewinner eintreffen. Uwe Radant kommt als erster – man hört ihn schon lange, bevor man ihn sieht. Mit dem Schlachtruf „Ready for take-off!" bringt er seine Überflieger kurz vor dem Ziel noch einmal dazu, über sich hinauszuwachsen. Dann Heidi Hiermeier, die dem verblüfften Roland Bauer weitere 40 Sekunden abnimmt und sich damit den 2. Platz in Todtmoos

und den 3. Rang in der Gesamtwertung sichert. Daß es für Klaus Starflinger nur für den 3. Rang reicht, nimmt dieser gelassen: „Wer Schlittenhundesport nur betreibt, um zu gewinnen, kommt nicht auf seine Kosten", lautet seine Devise. Für ihn und viele Musher-Kollegen geht es eben um eine Lebensphilosophie. Auch „Rookie" Nadja Hellhake, die mit dem 4. Platz in der Gesamtwertung für die größte Überraschung sorgt, ist auf der richtigen Spur: Sie kniet neben ihren Leithunden, umarmt sie und flüstert ihnen ein Dankeschön ins Ohr. Denn die wahren Sieger sind immer die Huskies.

„Gute Hunde!"

ADRESSEN

Verband für das Deutsche
Hundewesen e.V. (VDH)
Westfalendamm 174
44141 Dortmund

Deutscher Club für Nordische
Hunde e. V. (DCNH)
Am Flinthörn 20
26842 Ostrhauderfehn

Arbeitsgemeinschaft
Schlittenhundesport
Deutschland (AGSD)
Herausgeber der Zeitschrift
„Trail"
Geschäftsstelle:
Sabine Schnell
Sellmecke 5
57392 Schmallenberg

Deutscher Schlittenhunde-
Sport-Verband (DSSV)
Herausgeber der Zeitschrift
„Husky & Trail Magazin"
Geschäftsstelle: Uwe Schmidt
Iggelheimer Weg 10
67454 Haßloch

Waldschrat's Adventure Com-
pany (Schlittenhundeschule)
Thomas Gut
Flanitzmühle 9
94258 Frauenau

Österreichischer Kynologen-
verband (ÖKV)
Johann-Teufel-Gasse 8
A-1238 Wien

Österreichischer Club für Nordische Hunderassen und

Schlittenhundesport (ÖCNHS)
Ruthgasse 25
A-1190 Wien

Musher Sport Verband
Österreich (MSVÖ)
Geschäftsstelle:
Erhard Weiß
Postfach 98
A-1164 Wien

Schweizerische Kynologische
Gesellschaft (SKG)
Langgaßstr. 8
CH-3001 Bern

Schweizerischer Klub für
Nordische Hunde (SKNH)
Emmengasse 9
CH-4223 Blauen

Schweizerischer Musher
Verband (SMV)
Geschäftsstelle
Postfach 205
CH-8406 Winterthur

LITERATUR

Beck, Peter: Das Beste für
meinen Hund. Kosmos 1995

Becvar, Wolfgang: Naturheil-
kunde für Hunde. Kosmos
1994

Brehm, Helga: Hundekrank-
heiten, Kosmos 1995

Brehm, Helga: Gesunde
Ernährung für Hunde. Kosmos
1993

Brinks, Rainer: Schlittenhunde:
Haltung und Sport. Kosmos
1996

Durst-Benning, Petra und
Kusch, Carola: Der große
Spiele-Spaß für Hunde.
60 Spiele für drinnen und
draußen. Kosmos 1997

Jones, Renate: Welpenschule
leichtgemacht. Kosmos 1997

Federsen-Petersen, Dorit:
Hundepsychologie. Kosmos
1989

Krämer, Eva-Maria: Der Kos-
mos-Hundeführer. Kosmos
1995

Pfirstinger, Rico: Huskies in
Action. Kynos 1993

Ross, John und **McKinney,
Barbara:** Hunde verstehen
und richtig erziehen. Kosmos
1994

Ross, John und **McKinney,
Barbara:** Welpen-Kindergar-
ten. Kosmos 1997

Rossi-Mura, Piero: Husky
Power. Goldrausch 1993

Welch, Jim: Wie trainiere ich
Schlittenhunde. Goldrausch
1990

Zimen, Erik: Der Wolf.
Verhalten, Ökologie und
Mythos. Knesebeck & Schuler
1990

REGISTER

BILDNACHWEIS

Mit 129 Farbfotos von: Heike Erdmann, Hannover (S. 13 o.; S. 46 u.); IPO, Linsengericht-Altenhaßlau (S. 32–33; S. 34 u.); Juniors, Senden (S. 16 u.; Heitmann: S. 19; S. 35 o.; Köpfle: S. 12 o.; Kürtz: S. 7 u.; S. 17 li. o.; Nawrath: S. 14 u.; Neukampf: S. 1 re.; S. 21 u.; Putz: S. 44 u.; Zimmermann: S. 48 u.); Eva-Maria Krämer, Neunkirchen-Seelscheid (Innenklappe: Samojede, Siberian Husky; S. 1 Mitte; S. 9 o.; S. 15 o.; S. 35 u.); Susann Kull-Hächler, Bolligen/Schweiz (S. 29); Lída Jahn-Míček, Weitersfelden/ Österreich (S. 3; S. 14 o.; S. 13 re. o.,

Mitte, re. u.); Pedrigee Pal-Archiv/ Pfirstinger, Verden (S. 42 li. u.; S. 44 o.; S. 45); Ricopress, Brannenburg (Innenklappe: Grönlandhund; Außenklappe o., u.; .S. 2; S. 4–6; S. 7 o.; S. 8 li.; S. 8 u.; S. 10–11; S. 12 u.; S. 15 u.; S. 18; S. 20; S. 22-27; S. 28 o; S. 30; S. 36; S. 38 u.; S. 39; S. 40–41; S. 42 o., re.u.; S. 46 o.; S. 49 o.; S. 50–59); Reinhard-Tierfoto, Heilig-kreuzsteinach/Eiterbach (Innenklappe: Alaskan Husky, Alaskan Malamute; S. 1 li.; S. 13 u.; S. 28 u.; S. 31; S. 34 o.; S. 38 li. o.; S. 43; S. 47; S. 49 u.); Daniele Robotti, Italien (S. 9 u.).

Farbzeichnungen von Marianne Golte-Bechtle, Stuttgart. Die historische Abbildung S. 6 wurde dem Kosmos-Buch „Enzyklopädie der Rassehunde", Band 1 (S. 567) von Hans Räber entnommen.

Autor und Verlag bedanken sich herzlich bei Pedigree Pal für die freundliche Unterstützung bei der Bebilderung des Buches.

IMPRESSUM

Umschlaggestaltung von Atelier Jürgen Reichert, Stuttgart, unter Verwendung von Fotos von: Ricopress, Brannenburg (U1 o.), Eva-Maria Krämer, Neunkirchen-Seelscheid (U1 u.), IPO, Linsengericht-Altenhaßlau (U4 li.), Juniors/Schanz, Senden (U4 re.).

Mit 129 Farbfotos, 2 Farbzeichnungen und 1 sw-Illustration

Die Deutsche Bibliothek – CIP-Einheitsaufnahme

Pfirstinger, Rico:
Schlittenhunde / Rico Pfirstinger. – Stuttgart : Kosmos, 1998
    ISBN: 3-440-07405-6

© 1998, Franckh-Kosmos Verlags-GmbH & Co., Stuttgart
Alle Rechte vorbehalten
ISBN: 3-440-07405-6
Lektorat: Ute-Kristin Schmalfuß
Grundlayout: Atelier Jürgen Reichert, Stuttgart
Gestaltung: Gisela Dürr, München
Satz: ad hoc! Typographie, Ostfildern
Printed in Italy/Imprimé en Italie
Druck und Buchbinder: Printer Trento S. r. l., Trento

ERSTE HILFE

Halten Sie für den Notfall immer die Telefonnummer Ihres Tierarztes bereit!

Nach einem **Verkehrsunfall** muß der verunglückte Hund sofort angeleint werden. Er könnte sonst im Schockzustand weglaufen und weitere Unfälle provozieren. Seien Sie dabei vorsichtig: Auch der eigene Hund könnte Sie unter Schmerzen oder Schock beißen. Verwenden Sie den Nackengriff, dann ist Ihre Hand vor dem um sich schnappenden Hund geschützt. Bei einem benommenen oder bewußtlosen Hund machen Sie eine **Schockprobe**. Dabei drücken Sie mit dem Finger kurz auf das Zahnfleisch. Wenn es länger als 2 Sekunden dauert, bis die Stelle wieder rosa wird, muß der Hund besonders schnell zum Tierarzt. Schock ist lebensgefährlich! Ziehen Sie einem bewußtlosen Hund die Zunge seitlich aus dem Maul, sonst besteht **Erstickungsgefahr**, wenn die Zunge nach hinten klappt. Der Hund wird in Seitenlage transportiert. Achten Sie darauf, daß er unterwegs nicht vom Sitz fallen kann. Einen schwer verletzten Hund heben Sie vorsichtig auf eine Decke (Vorsicht, es könnte auch eine Wirbelsäulenverletzung vorliegen!). Fahren Sie sofort zum Tierarzt!
Leichtere **Blutungen** werden mit sauberen Baumwolltüchern oder steriler Gaze abgedeckt und mit einer Mullbinde verbunden. Bei stärkeren Blutungen, Schnittverletzungen am Ballen oder bei einer Verletzung der großen Gefäße müssen Sie einen Druckverband anlegen. Material bietet die

Autoapotheke: Decken Sie ein sauberes Baumwolltuch über die Wunde, und umwickeln Sie die Stelle so fest mit einer Mullbinde, daß es nicht sofort wieder durchbluten kann. Dieser Verband leistet auch bei stark blutenden Verletzungen an den Gliedmaßen gute Dienste. Legen Sie hier mehr Polsterung über die Wunde (wichtig!), und ziehen Sie die Mullbinde straffer an. Dieses Verfahren ist weitaus sicherer als das nicht mehr zu empfehlende Abbinden der Blutung.
Fremdkörper in der Wunde dürfen Sie nicht selbst entfernen. Überlassen Sie dies dem Tierarzt. Ebenso verhält es sich mit der Säuberung von stark verunreinigten Wunden.
Wenn Sie Ihren Hund dabei erwischen, wie er **Fremdkörper** oder **Gift** aufnimmt, müssen Sie sofort zum Tierarzt. Erste Vergiftungssymptome sind: Zittern, Taumeln,

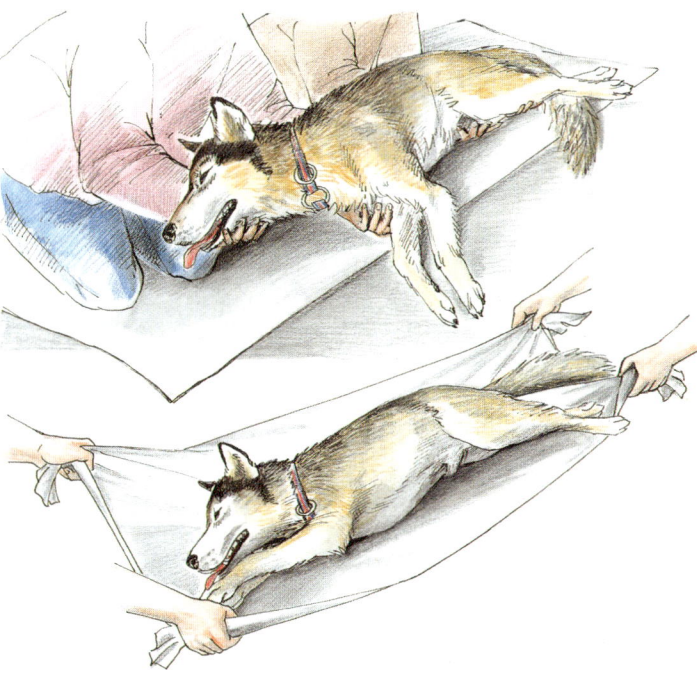

Speicheln und Augenrollen! Hat der Hund plötzlich Bauchschmerzen, Atemnot oder Schwierigkeiten Kot abzusetzen, könnte ein Fremdkörper schuld sein. Sofort zum Tierarzt!
Insektenstiche lassen die betroffene Stelle schnell anschwellen. Dies führt im Nasen- und Rachenraum zu akuter Atemnot (Erstickungsgefahr!). Sofort zum Tierarzt! Bei Stichen im äußeren Kopfbereich verschafft ein eiskalter Lappen oder ein Eisbeutel als Sofortmaßnahme Linderung.

TIERPASS FÜR UNSEREN SCHLITTENHUND

Name: _Trixi_

Geschlecht: _männlich_   Tätowierung: _____

geworfen am: _10.2.22_   gekauft am: _8.7.22_

besondere Merkmale: _____

_____

_____

bisherige Erkrankungen: _____

_____

_____

Wichtige Anschriften

Züchter: _____

Tierarzt: _____

tierärztlicher Notdienst: _____

Hundeverein: _____

Hundepension: _____

Haftpflichtversicherung: _____

IMPFTABELLE

Welpen-Grundimmunisierung

7. Lebenswoche:	Parvovirose mit Lebendimpfstoff
8. Lebenswoche:	SHL (Staupe, Hepatitis, Leptospirose), Zwingerhusten
12. Lebenswoche:	SHL, Zwingerhusten
14. Lebenswoche:	Parvovirose mit Lebendimpfstoff, Tollwutimpfung

Erwachsene Hunde

| 1x jährlich gegen: | Leptospirose, Parvovirose, Zwingerhusten und Tollwut |
| alle 1–2 Jahre: | Staupe, HCC (Hepatitis contagiosa canis) |